기와건물지의 조사와 해석

| 조원창 |

공주사범대학 역사교육과 졸업
공주대학교 대학원 석사과정 사학과 졸업(문학석사)
상명대학교 대학원 박사과정 사학과 졸업(문학박사)
현 한얼문화유산연구원 조사위원
　한밭대학교 강사

• 논문 및 저서 •

『백제의 토목 건축』,
『한국 고대 와당과 제와술의 교류』,『百濟 建築技術의 對日傳播』,
「公州地域 寺址 硏究」,「百濟瓦積基壇에 대한 一硏究」,
「熊津遷都後 百濟瓦當의 變遷과 飛鳥寺 創建瓦에 대한 檢討」,
「百濟 二層基壇 築造術의 日本 飛鳥寺 傳播」,
「百濟 熊津期 扶餘 龍井里 下層 寺院의 性格」,
「法泉里 4號墳 出土 靑銅蓋 連花突帶紋의 意味」,
「百濟 基壇 築造術의 對新羅 傳播」,
「月精寺 地下 架構基壇의 編年과 性格」 외 다수

기와건물지의 조사와 해석

초판인쇄일　2012년 6월 29일
초판발행일　2012년 7월 2일
지 은 이　조원창
발 행 인　김선경
책 임 편 집　김윤희, 김소라
발 행 처　도서출판 서경문화사
　　　　　　주소 : 서울 종로구 동숭동 199 - 15(105호)
　　　　　　전화 : 743 - 8203, 8205 / 팩스 : 743 - 8210
　　　　　　메일 : sk8203@chol.com
등 록 번 호　제 300-1994-41호

ISBN 978-89-6062-094-0　　93900

기와건물지의 조사와 해석

조원창 지음

서경문화사

　삼국시대 이후 최근에 이르기까지 지붕에 기와를 올린 기와건물은 주변에서 어렵지 않게 살필 수 있다. 그러나 삼국시대 이후 조선시대에 이르기까지 대다수의 민중들은 오랜 기간을 수혈움집이나 초가집 등에서 살아 왔다. 이렇게 볼 때 기와건물은 신분을 대변해 주는 특권층의 권위건물로 이해할 수 있다.

　기와가 사용된 삼국시대의 건물은 왕궁을 비롯해 사원, 사우, 관청 등이 대부분을 차지하였을 것이다. 물론 이들 외에도 고구려 장군총에서와 같이 고분 상부에 별도의 기와건물을 조성하는 경우도 확인할 수 있다. 하지만 이는 사자(死者)를 위한 건축물이라는 점에서 일반 건물과는 차이가 있다.

　기와건물은 초가건물과 달리 지붕의 기와 무게만큼 지면으로 많은 하중이 전달된다. 이에 따라 기와건물을 구성하는 축기부, 적심시설, 초석 등은 장인의 기술력에 따라 혹은 지형(건물 입지)에 맞게 구조적 변화를 일으키기도 하였다. 특히 저습지를 매립하고 기와건물을 조성할 경우에는 성토하는 과정에서 부엽시설 및 말뚝지정, 암거 등과 같은 여러 토목공법을 활용하기도 하였다.

　아울러 건물의 성격에 따라 기단의 형식이 분화되었고 중국과의 교섭을 통해 가구기단과 같은 새로운 기단 형식도 등장하였다. 특히 백제의 와적기단은 고구려 및 신라에서도 그 사례를 찾아보기 힘들 정도로 백제 건축기단의 특성을 보여주고 있으며 멀리 신라·일본에 까지 전파되었다.

　삼국시대 이후 조선시대에 이르는 대부분의 기와건물은 상부 구조가 거의 멸실된 채 하부 구조만이 조사되고 있다. 보존상태가 양호한 사원건축이나 예제건축의 경우 그 사례가 일부 남아 있기는 하나 건축물 자체가 목조이어서 조선시대의 것이 거의 대부분을 이루고 있다.

기와건물지는 발굴조사 과정에서 흔히 접할 수 있는 유구 중 하나이다. 그러나 발굴현장에서 경험이 적은 연구자에게는 이해하기 힘든 고약한 난제를 안겨주기도 한다. 흔히 접하면서도 반복적으로 대두되는 생소함은 발굴조사를 담당하는 연구원에게 스트레스로 작용하고 있다. 이는 용어상에서 풍기는 생경함과 조사자의 경험부족 그리고 조사상의 어려움을 해결하기 위한 시스템의 부재 등이 가장 큰 원인일 것이다.

따라서 본고는 발굴조사 과정에서 언제든지 만날 수 있는 기와건물지에 대해 조금이나마 두려움을 없애주려는 데 목적이 있다. 물론 필자의 경우도 건물지를 조사할 때마다 긴장감과 두려움을 갖고 있다. 그러나 기본적인 건물지의 요소를 인지한 경우에는 이러한 감정을 조금이나마 조절할 수 있다는 점에서 마음의 안정을 찾게 된다.

건물지 발굴조사에서 유구 노출은 그야말로 가장 초보적인 단계에 해당된다. 확인된 개개의 유구를 어떻게 연계하고 그의 성격은 무엇인지 등은 또 다른 문제를 야기한다. 이는 건물을 조영한 목적에 해당되는 것이기 때문에 어찌 보면 이를 위해 발굴조사를 진행한다 하여도 과언이 아니다. 이를 해결하기 위해선 무엇보다도 건축학자와의 연계가 필요하다. 용어해석을 비롯한 건축복원 등 고고학에서 배우기 힘든 자료를 습득한다는 차원에서도 반드시 필요한 과정이라 생각한다.

　과거의 기와건물지는 어찌 보면 현재 남아 있는 기와건물의 자화상이라 할 수 있다. 이는 오늘날 기와건물의 각 모습이 우리가 발굴조사 현장에서 만나는 기와건물지에 그대로 투영되고 있기 때문이다. 따라서 현재 우리가 접할 수 있는 기와건물에 대한 이해는 건물지 조사를 진행하고 이를 해석하는 데에도 많은 도움이 되리라 생각된다.

　본고는 이러한 점에 주목하여 발굴조사를 통해 드러난 여러 유구가 오늘날 기와건물에서는 어떠한 모습으로 남아 있는지를 일부나마 상호 비교해 보고자 한다. 아울러 훼손되고 멸손된 부분에 대해서는 복원된 자료를 살펴보고자 하였다.

　이 책은 건물지 조사에 경험이 적은 조사원들을 위해 작성한 것이다. 따라서 경험이 많은 연구자들에게는 큰 도움이 되지 않을 듯싶다. 아울러 부족한 부분도 적지 않으리라 생각된다. 이러한 부분은 하나하나 정리하여 향후에 보완하고자 한다.

　본고를 진행함에 있어 많은 분들의 도움을 받았다. 건물지의 입문에서 현재에 이르기까지 많은 지도와 자문을 해주신 장경호 지도교수님, 김동현 선생님, 최병현 선생님, 이강승 선생님, 심정보 선생님의 은혜는 항시도 잊을 수 없다. 아울러 건물지 발굴조사에 진력할 수 있도록 큰 도움을 주신 한얼문화유산연구원의 김수진 이사장님, 최석원 전 공주대학교 총장님 및 기호문화재연구원의 고수길 이사장님, 이명희 원장님, 중원문화재연구원의 채영권 이사장님께도 지면으로나마 고마움을 전한다. 아울러 어려운 환경 속에서도 학계에 도움이 될 수 있겠다는 신념 하나로 좋은 책자를 만들어주신 서경문화사 김선경 사장님 및 관계자 분께도 감사한 마음을 전한다.

끝으로 이제 곧 중학생이 되는 아들 나한과 행복한 가정을 가꿔나가는 아내 이은희 및 부모님께도 이 책으로나마 그 동안의 바쁜 생활을 대신하고자 한다.

2012년 6월
공산성 임류각 아래에서
조 원 창

_ 목 차

제1장
기와건물지의 조사 과정

1. 지표조사

삼국시대 이후의 기와건물은 거의 대부분 평지나 낮은 구릉사면에 분포하고 있다. 물론 산 정상부에 축조되는 성곽에서도 이러한 기와건물지를 확인할 수 있다. 하지만 이는 특수한 사례에 해당되며 여기에서 보이는 건축기법의 경우 평지나 구릉에서의 건물지와 동일하게 관찰되어 입지에 따른 기와건물의 축조 차이는 거의 확인되지 않고 있다. 다만, 유구의 성격에 따라 건축물의 구조는 다양해짐을 살필 수 있다.

발굴조사에 앞서 진행되는 지표조사는 건물지의 존재를 살피는 1단계 작업에 해당된다. 이 과정에서 조사자는 기와나 토기, 자기 등의 유물을 확인하고 나아가 운이 좋다면 기단이나 초석, 혹은 축대 등의 유구도 살필 수 있다. 그러나 대부분의 건물지는 산사태나 침식 등의 자연재해, 그리고 경작과 화재 등의 인위적 훼실로 말미암아 지표상에서 이러한 건축 요소들을 발견하기란 극히 어려운 실정이다.

이런 경우에 처하게 되면 우선적으로 지형과 건물지의 배치 등에 대해 고려해 보아야 할 것이다. 어느 방향으로 건물을 조성하는 것이 타당한지, 이럴 경우 채광은 적당한지, 입구는 어느 곳이었는지 등 사람이 거주하기 좋고 편리한 조건에 부합하는 것이 무엇인지를 인지하여야 한다. 이는 향후 시굴조사 과정에서 발생하는 구덩이(Tr.) 설치에 있어 절대적인 자료를 제공하게 된다.

따라서 건물지에서 가장 큰 규모를 보이는 담장지나 장축기단의 방향이 어느 쪽을 향하였는지, 축대는 어느 곳에 조영되었을 것인지를 지표조사 과정에서 추정 · 확인해 보는 것이 필요하다.

한편, 지표조사 과정에서 수습되는 유물은 유적의 존속시기를 반영해 줄 수는 있어도 개별 건물지의 편년을 결정하는 역할은 하지 못한다. 따라서 시굴이나 발굴과 같은 터파기 작업을 통해 확인되는 유물과는 층위상에서 차이가 있다.

2. 시굴조사

시굴조사는 지표조사 결과에 따라 본격적인 터파기작업을 실시하는 단계이다. 따라서 유구의 존재양상과 지형을 연계하여 적절한 그리드 작업이 선행되어야 한다.

그리드의 설치는 10×10m가 적절하나 지형에 맞게 얼마든지 달리할 수 있다. 구덩이의 설치 방향은 지표조사 과정에서 인지한 고고학적 형적(축대, 기단, 초석, 담장 등)과 유물(기와, 토기 등), 지형(경사도나 입구), 고지도 등을 고려하여 유구의 장축 방향과 직교하여 설치하는 것이 필요하다.

유적의 전체 층위 파악은 각각의 그리드에서도 가능하나 하나의 중심토층을 선정하여 포크레인 장비가 아닌 수작업으로 진행하는 것이 필요하다. 물론 작업량은 많지만 구덩이 작업을 통해 드러나는 세밀한 유구 변화와 토층양상을 유물과 함께 관찰할 수 있다는 장점이 있다. 물론 구릉의 하단부와 같이 퇴적된 토량이 많을 경우에는 장비를 사용하여 토층 변화를 살펴도 무방하다.

시굴조사 과정에서 파악해야 할 가장 중요한 작업은 토층상의 생활면(구지표면) 확인이다. 생활면은 건물 사용 당시 인간이 밟고 다닌 면으로서 여기서 출토된 유물은 건물의 존속 시기를 반영한다. 생활면 위로는 무너진 와적층이나 산사태로 인한 퇴적토 혹은 성토에 의한 경작토가 위치할 수 있다. 그러나 우수에 의한 침식이 왕성하였을 경우 토층상에서 확인되지 않을 수도 있다.

만약, 생활면을 인지하지 못한 상태에서 장비를 이용한 발굴작업을 진행한다면 지표면에 가까이 있을 초석이나 기단석, 고맥이 등의 유구는 아주 치명적일 수 있다. 이는 생활면보다 위에 기단이 축조되고 기단 내부에 초석이나 적심시설 등이 조성되기 때문이다.

아울러 시굴조사 과정에서 생활면 확인과 더불어 반드시 인지하여야 할 작업이 바로 대지조성토와 기단토의 절개작업이다. 기와건물의 경우 한 번 폐기되면 장소를 옮기지 않고 그 자리를 정지하거나 혹은 성토다짐하여 재사용하는 경우가 종종 있다. 이런 경우 선축·후축된 기와 건물은 상하로 나타나기 마련이다. 따라서 시굴조사 과정에서 이러한 중복된 유구를 파악하지 못하면 발굴조사 과정에서 여러 난처한 문제가 발생할 수 있으므로 시굴조사 중에 대지조성토 및 기단토의 토층조사를 반드시 실시하여야 한다.

일단 토층상에서 생활면이 확인되면 이에 따른 기단석의 위치, 초석 및 적심시설의 위치 등을 추정해 볼 수 있다. 만약 시굴조사 과정에서 생활면이 확인되지 않는다면 이는 이미 유실된 것이기 때문에 1차 제토면을 경작토나 퇴적토를 제거하는 과정에서 멈춰야 한다. 그리고 침식의 다과에 따라 기단석이나 초석 등의 존재도 유실되었을 가능성이 있기 때문에 조사에 만전을 기하여야 한다.

대지조성토는 건물이 들어설 대지를 조성하기 위해 쌓은 흙으로서 이는 판축공법이나 성토다짐공법을 통해 형성된다. 동일한 건물지라 하더라도 이것이 능선 상면에 입지하였는지 아니면 능선 하면에 위치하였는지에 따라 대지조성토의 축토방법은 다르게 나타날 수 있다. 아울러 대지조성토의 절개작업은 선축된 건물지의 존재유무를 확인하기 위해서도 반드시 필요한 작업이다.

기단토는 대지조성토와 다른 축토양상을 보이기 때문에 토층조사에 신중을 기하여야 한다. 특히 기와 건물은 지붕의 하중을 이겨내야 하기 때문에 기단토 작업에 공력을 기기울이고 있다.

한편, 저습지나 성토된 대지상에 건물을 조성할 경우에는 기단부 아래로 축기부를 시설하는 경우도 있어 반드시 기단토 하부에 대한 절개작업이 시굴조사 과정에서 실시되어야 한다. 만약, 이것을 시굴조사 과정에서 파악하지 못한다면 발굴조사의 기간조정에 많은 어려움이 따르고 조사 방향도 갑자기 달라질 수 있어 조사에 무리가 따를 수 있다.

1) 골짜기에 시굴 구덩이를 설치할 경우

　구릉과 구릉 사이의 골짜기에 사원 등과 같은 기와건축물을 조성할 경우 이의 입구는 골짜기 입구와 거의 대부분 일치하고 있다. 그리고 건축물의 조영에 있어 채광은 그 어떤 조건보다도 필수불가결한 요소에 해당된다. 따라서 골짜기에 시굴 구덩이를 조성할 경우에는 골짜기의 입구와 채광의 방향과 나란하게 구덩이를 설치한다. 이는 채광의 방향으로 건물의 주방향이 결정되고 이에 따라 기단석의 장축이 결정되기 때문에 기단석을 확인하기 용이한 방법으로 구덩이의 방향을 결정한다.

　골짜기에서의 주 건물은 지형의 중심에 위치할 가능성이 가장 크기 때문에 그리드의 중심도 이에 따라 설치한다. 아울러 골짜기는 유수에 따른 저습지가 많기 때문에 시굴 구덩이 설치 시 생토면이나 자연퇴적토까지의 굴토가 필수적이다. 특히 골짜기의 하단부에 해당될수록 성토부가 많아지기 때문에 암거와 같은 배수구나 부엽공법, 말뚝지정 등의 연약지반 개량공법이 확인될 가능성이 매우 높다. 아울러 골짜기의 물을 배수하기 위한 주 배수로 및 소 배수로 등의 유구를 확인해 본다.

2) 구릉 경사면에 시굴 구덩이를 설치할 경우

　구릉 경사면을 삭토·절토, 정지하여 건물을 조성하였을 경우 시굴 구덩이는 형질 변경된 지형의 장축 방향과 직교하여 설치한다. 즉, 건물지 기단석 및 축대의 장축은 구릉 경사면의 등고선 방향과 나란하게 축조되는 것이 일반적이기 때문에 이를 쉽게 확인할 수 있다는 차원에서 시굴 구덩이의 설치 방향이 중요하다.

구덩이의 설치는 우선 경사 방향으로 하고 기단석이나 초석·적심, 온돌시설 등의 일반구조물과 축토 양상을 통해 건물지의 존재양상과 범위를 추정해 본다.

아울러 구릉상에 건물을 조영할 경우에는 삭토나 절토된 토양이 구릉의 하단부에 판축 혹은 성토다짐 되기 때문에 대지조성토 축토(築土) 기법 파악을 위한 구덩이 조성이 요구된다. 이 과정에서 원래의 생토면, 자연퇴적토, 인위적인 대지조성토 등의 토층 구분이 이루어져야 한다.

만약 기단석이나 축대 등이 붕괴되어 이의 존재를 확인할 수 없다면 토층조사를 통해 이의 형적을 확인해 볼 수 있다. 즉, 축대나 기단석 등은 대지조성토를 완성한 후 그 전면부를 'ㄴ'자 모양으로 굴토하고 조성하는 것이 대부분이기 때문에 토층에서의 절개면(굴광선)이나 유구와 대지조성토 사이의 보강시설(토석 혼축 등) 등이 확인되게 마련이다. 구덩이 설치를 통한 토층 조사 중 이러한 토층 양상이 파악되지 않는다면 기단석 및 축대의 경우 모두 유실된 것으로 파악하고 조사를 마무리한다.

3) 평지에 시굴 구덩이를 설치할 경우

역시 남향을 중심으로 남북장축의 시굴 구덩이 설치가 필요하다. 시굴조사 과정에서 확인되는 초석이나 적심, 기단 중 가장 쉽게 살필 수 있는 유구는 기단시설이다. 이는 건물지 유구 중 가장 큰 규모를 보이고 있어 다른 유구에 비해 검출될 가능성이 상대적으로 높기 때문이다.

기단의 장축은 곧 지형에 따라 차이가 있지만 일반적인 경우는 동서장축을 하고 있다. 물론 이는 건물 유적의 중심유구에 해당되는 것이기 때문에 시굴 구덩이 설치 시 지형의 중심부부터 좌우로 확장할 필요가 있다.

시굴 구덩이에서 기단시설이 확인되면 같은 층위에서의 나머지 방향 기단도 조사해 본다. 만약, 같은 층위에서 기단이 확인되지 않는다면 이는 교란이나 멸실되었을 가능성도 있으므로 너무 한 곳에만 집중하여 조사할 필요는 없다. 아울러 멸실된 기단의 경우 이를 지탱하기 위한 할석들이 구(溝) 내부에 조성되었을 가능성도 있으므로 층위상에서의 구 토층 단면을 유심히 살펴보도록 한다. 아울러 기단시설은 기단토를 절개하고 그 전면에 축조하기 때문에 기단시설은 없어져도 토층상에서의 절개면(굴광선)은 살필 수 있다.

시굴 구덩이 상에서 기단이 확인되었더라도 여기서 그치지 말고 이의 보강석 등을 확인키 위해 조사의 깊이를 자연퇴적토나 생토면까지 진행한다.

3. 발굴조사

시굴조사가 끝나면 포크레인 장비를 이용한 본격적인 제토작업이 이루어진다. 이 때 기본적인 토층 상황을 파악해 볼 수 있는 중심토층은 남겨 두는 것이 좋다. 만약 토층둑에 유구가 위치해 있다면 도면 및 사진촬영을 하고 제거한다.

시굴조사에서 확인된 생활면은 기단석이나 초석, 적심시

설 등에 비해 레벨이 낮기 때문에 제토의 높이는 초석이나 적심시설에 맞추는 것이 좋다. 조사 과정상 적심시설이 노출될 경우 초석은 이미 유실되었기 때문에 기단석이 확인되지 않을 수도 있다. 이럴 경우에는 기단석이 놓인 부분의 토층양상이나 기단석의 보강시설 등을 면밀히 관찰하여 기단의 제원을 파악할 수 있어야 한다. 아울러 기단석 및 초석이 유실되었을 경우 생활면 역시 멸실될 가능성이 높기 때문에 제토 과정에서 주의를 기울인다.

제토 과정에서 기단이나 담장지, 와적층, 초석이나 적심 등 유구가 노출되면 더 이상의 장비 사용은 불가능하다. 아울러 유구를 정리하는 과정이나 토사량도 적지 않기 때문에 유구 조사는 안쪽에서 바깥쪽으로 흙을 빼내는 방향으로 실시하는 것이 좋다. 이 경우 예산이 허용된다면 컨베이너 벨트의 사용은 아주 효과적이라 할 수 있다.

건물지 조사의 경우 다른 성격의 유구들과 달리 중복이나 밀집도가 매우 높고 일단 표토가 제거되면 유구에 사용된 석재들이 그대로 지면에 노출되기 때문에 리어커 등의 사용은 자칫 유구를 훼손할 가능성이 있다. 그리고 토사를 조사지역 외곽까지 운반시키고 왕복하는 과정이 조사의 진행을 지체시키는 요인이 되기 때문에 건물지 조사에서의 컨베이너 벨트 사용은 아주 적극적으로 고려해 볼 문제다.

제2장
기와건물지 조사 방법과 해석

1. 대지조성토

　기와건물을 축조하기 앞서 건물이 입지할 지점에 대지를 조성할 목적으로 판축이나 성토다짐 등의 공법으로 축토(築土)되는 부분을 대지조성토라 한다. 이는 기와건물의 입지에 따라 축토양상이나 토량도 달리 나타날 수 있다. 즉, 경사면을 절토 · 정지하여 대지를 조성할 경우 여기서 발생하는 자연퇴적토나 석비레흙은 경사 하단부에 판축 · 성토다짐

그림 1 _
대지조성을 위한 절토면
〈여주 고산서원지, 조선〉
(필자사진)

등의 공법으로 수평하게 혹은 경사지게 쌓이게 된다(수평축토, 경사축토).

이 때 수평축토라 함은 건물이 입지하는 구지표면이나 정지면, 기반토면과 나란하게 흙이 쌓이는 것을 의미한다. 따라서 정지면과 축토된 것이 토층상 경사지게 나타나도 넓은 의미에서 수평축토로 분류할 수 있다. 이에 반해 경사축토는 수평축토로 이루어진 대지조성토가 같은 작업 공정에서 완전 각(角)을 달리하여 흙을 쌓는 것을 의미한다.

이는 시굴조사 과정 중에 트렌치의 깊이를 자연퇴적토나 생토면까지 진행함으로서 건물지를 조성하기 위한 토목공사의 확인차원에서 우선적으로 파악해 보아야 한다. 만약 시굴조사 과정에서 이러한 층위양상을 파악하지 못했다면 발굴조사 중이라도 살펴보아야 할 것이다. 즉, 기단토 상면에서 확인되는 기단이나 초석, 적심시설 등만을 조사하지 말고 유구가 훼손되지 않는 범위 내에서 구덩이를 설치하여 기단토 아래에서의 대지조성토 축토 양상을 파악해 보아야 한다.

▌대지조성의 수평축토

수평축토

그림 2_
대전 상대동 중동골유적 대지
조성토
〈고려〉
(필자사진)

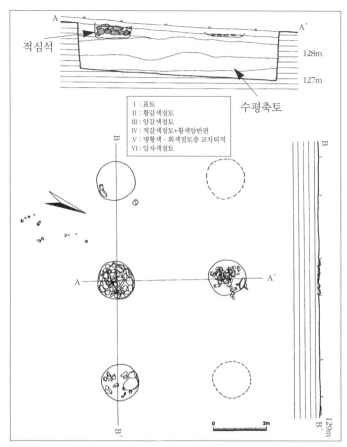

I : 표토
II : 황갈색점토
III : 암갈색점토
IV : 적갈색점토+황색암반편
V : 명황색 · 회색점토층 교차퇴적
VI : 암자색점토

적심석

수평축토

128m

127m

129m

0   2m

그림 3 _ 영동 계산리유적 하층 5호 건물지 대지조성토 〈고려〉

(忠南大學校百濟研究所, 2002, 『永同 稽山里遺蹟』, 24쪽 도면 11)

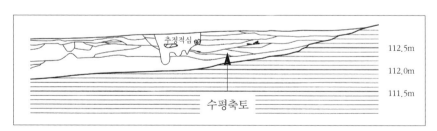

추정적심

수평축토

112.5m

112.0m

111.5m

그림 4 _ 용인 유운리유적 3호 건물지 대지조성토 〈조선〉

(기호문화재연구원, 2011, 『龍仁 前位里, 留雲里遺蹟』)

■ 대지조성의 경사축토

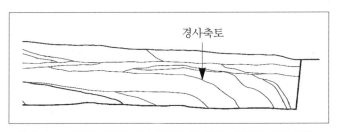

그림 5 _ 부여 왕흥사지 목탑지 이남 대지조성토 〈백제〉 (국립부여문화재연구소,
2009, 『王興寺址Ⅲ 木塔址 金堂址 發掘調査 報告書』, 33쪽 도면 5 중)

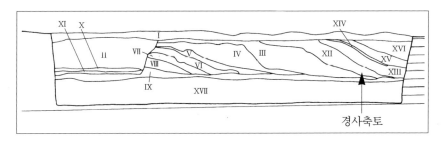

Ⅰ : 경작토	Ⅹ : 회흑색 점토
Ⅱ : 적갈색 사질점토(와편 포함층)	ⅩⅠ : 황갈색 점토
Ⅲ : 암적갈색 사질점토	ⅩⅡ : 녹갈색 점토
Ⅳ : 암적갈색 사질점토	ⅩⅢ : 연녹갈색 점토
Ⅴ : 적갈색 사질점토	ⅩⅣ : 적갈색 사질점토
Ⅵ : 암갈색 점토	ⅩⅤ : 녹갈색 사질점토
Ⅶ : 적갈색 사질점토	ⅩⅥ : 적갈색 사질점토
Ⅷ : 황갈색 사질점토	ⅩⅦ : 녹갈색 사질점토
Ⅸ : 황흑갈색 점토	ⅩⅧ : 적갈색 사질점토

그림 6 _ 익산 제석사지 목탑지 이남 대지조성토 〈백제〉
(圓光大學校 馬韓 · 百濟文化硏究所, 1994, 『益山帝釋寺址試掘調査報告書』, 도면 5 중)

    기와건물이 경사면이 아닌 곡간이나 저습지를 매립하고
조성될 경우 대지조성토는 전혀 다른 토질을 보일 수도 있
다. 즉, 주변에서 구하기 쉬운 토량이나 석재를 사용하거나
화재로 폐기된 기와건물이나 초가건물의 잔재를 매립할 수

도 있다. 그렇기 때문에 대지조성토는 동일 건물지에서도 위치에 따라 얼마든지 그 성질이 다르게 나타날 수 있다.

따라서 너무 층위에 집착하여 건물지를 조사할 경우 본래의 목적을 망각할 수 있으므로 순서에 맞게 진행한다. 또한 저습지를 매립하여 대지를 조성할 경우 이를 개량하기 위해 암거나 부엽공법, 말뚝지정 등과 같은 별도의 토목시설을 활용할 수 있다. 그러므로 발굴조사 과정에서 이러한 공법 등의 유무를 파악하기 위한 확인조사가 반드시 필요하다.

화재로 폐기된 기와건물의 잔재를 이용하여 대지조성을 할 경우 이들 유물은 대지조성 위에 조영된 건물에 비해 시기적으로 선행하게 된다. 따라서 유물 수습시 그 층위나 출토 위치를 명기하여 건물지 출토 유물과 혼동하지 말아야 한다. 아울러 유물이 포함된 대지조성토의 경우는 유구의 중복내지 주변에 또 다른 기와건물이 존재할 가능성이 높으므로 추가적인 확인조사가 필요하다.

대지조성토 확인 작업은 기단이나 초석 혹은 적심석 등의 유구가 평면 조사된 이후에 실시하는 것이 좋다. 건물지 중 대지라는 부분이 어느 한 곳에 국한되는 것이 아니기 때문에 되도록 유구가 적은 중심지역을 관통하여 구덩이 단면조사를 실시하는 것이 좋다.

토층조사라는 점에서 기단토 조사와 큰 차이가 없으나 조사 범위가 건물지 전체를 대상으로 하고 그 깊이가 생토면이나 자연퇴적토까지 진행한다는 점에서 기단토 조사보다 광의의 조사 개념이라 할 수 있다. 즉, 기단토는 기단 내부에 축토된 것이기 때문에 대지조성토에 비해 그 범위가 좁은 반면 대지조성토는 생활면, 혹은 정지된 자연퇴적토나 생토면, 저습지 위에 축토(築土)되는 것이 일반적이다. 따라서

표토

대지조성토(유물 포함)

자연하상층

그림 7_
유물 포함된 대지조성토
〈보령 성주사지, 조선〉
(필자사진)

이를 구분할 수 있는 전체 토층조사 및 부분 토층조사가 발굴조사의 마무리 단계에서 반드시 실시되어야 할 것이다.

대지조성토 내에서는 토기나 기와 등이 편으로 검출될 가능성이 높기 때문에 삽이나 긁개 등의 도구를 이용하여 작업하는 것이 효과적이다. 특히 해당 부지에 이와 관련시켜 볼 수 있는 선축 유구가 존재하지 않을 경우 주변에 이들 유구가 입지하였을 가능성이 높기 때문에 주변지역에 대한 지표조사도 병행할 필요성이 있다.

경사면을 정지 · 성토하고 조영한 대지의 토층 양상은 경사방향으로 흘러내리면서 점차 수평해지는 경향을 보인다. 이 대지조성토 위로는 사지에서의 경우 탑이나 금당 등의 전각과 회랑 등이 조영되며 이들 목조(석조) 건축물의 하중을 지탱하기 위해 별도의 기단토나 축기부토가 성토 혹은 판축되고 있다.

한편, 대지조성을 완료한 후 이의 붕괴를 막기 위한 축대시설도 마련된다. 따라서 사지 조사인 경우 중문지 이남지역에 대한 구덩이 확인 작업이 필요하다. 이 때 구덩이는 유구 확인을 위해 기단의 장축방향과 직교해서 설치하는 것이 합당하다. 특히 대지조성토와 축대시설간의 축조기법을 파악할 수 있는 토층조사가 요구된다.

1) 대지조성토의 축토(築土) 사례

(1) 판축토

부소산성 내부 및 부소산사지 등에서 살필 수 있다. 여기에서는 부소산성 내 판축대지를 살펴보고자 한다.

점토나 마사토를 이용하여 정교하게 대지를 조성하였으며 수평축토와 경사축토를 동시에 사용하였다. 판축토성에서 볼 수 있는 영정주나 횡장목, 종장목, 달고질[1] 등의 흔적이 확인되지 않아 본래의 판축공법과는 차이가 있다. 성토

1) 땅이 단단해지도록 달고 (杵)를 가지고 다지는 것을 의미한다. 익산 제석사지 목탑지 및 부여 금강사지 등에서 확인된 바 있다.

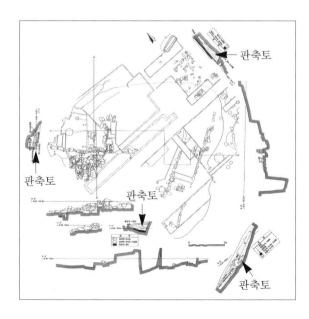

그림 8 _
부여 부소산성 내 판축대지 〈백제〉
(國立扶餘文化財硏究所, 2003, 『扶蘇山城 發掘調査報告書』 V, 149쪽 도면 58)

그림 9_
부여 부소산성 다-3피트 판축
대지 남-북 탐색트렌치 동벽
토층
〈백제〉
(國立扶餘文化財研究所, 2003,
『扶蘇山城 發掘調査報告書』V,
302쪽 도판 147)

판축토

다짐토와 비교해 좀 더 정교하게 축토되었다는 점에서 판축
토라 부르고 있다.

판축토 아래에서 구지표층이 확인되지 않는 것으로 보아
대지를 조성하기 전에 일차적으로 구지표면을 정지(整地)하
고 판축하였음을 알 수 있다.

(2) 성토다짐토

거의 대부분의 건물지에서 확인할 수 있다. 수평축토 및

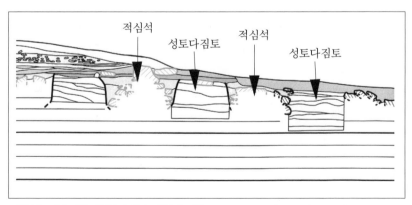

적심석   성토다짐토   적심석   성토다짐토

그림 10 _ 여주 영릉 재실유적 대지조성토 〈조선〉 (기호문화재연구원, 2009, 『驪州 英陵 齋室遺蹟』)

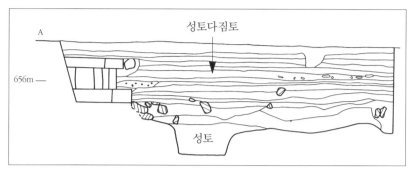

그림 11 _ 평창 월정사 8각9층석탑 전면 대지조성토 〈고려〉
(대한불교조계종 유지재단 문화유산발굴조사단, 2004, 『五臺山 月精寺 석조보살좌상 주변지역
문화유적 시 · 발굴조사보고서』, 29쪽 도면 4)

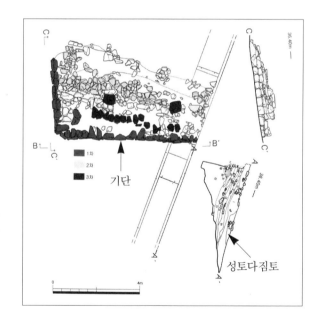

그림 12 _
서산 해미읍성 11차 발굴조
사 제12 건물지 대지조성토
〈조선〉
(충청남도역사문화연구원 ·
서산시, 2009, 『해미읍성 -본
문 · 도면(유구)-』, 112쪽 도
면 24)

경사축토 등의 방법으로 점토나 마사토 등을 성토한 후 다
져 대지를 조성하였다. 대지가 넓은 경우 동일 건물지라 할
지라도 성토다짐토는 지점에 따라 달리 나타날 수 있다. 따

라서 토층조사 시 간층에 너무 치중하게 되면 전체 조사에서 차질을 빚을 수 있다. 다짐토 내에서는 기와 및 토기 등의 폐기물뿐만 아니라 할석 등도 일부 혼입되어 나타날 수 있다.

2) 연약지반 개량공법

저습지와 같은 연약지반에 대지를 조성할 경우 다양한 토목기술이 적용된다. 예컨대 부엽공법을 비롯해 말뚝지정, 부엽공법+말뚝지정, 암거시설, 자갈석렬, 구(溝) 내부의 마사토 충전 등을 사용하고 있다.

(1) 부엽공법

연약지반(저습지 등)에 제방, 도로, 토루, 둑 등을 조성할 경우 본격적인 공사에 앞서 나뭇잎이나 나뭇가지 등의 부엽층이나 유기물을 깔아 기초를 만드는 토목기술을 말한다. 이러한 공법을 통해 보강재인 부엽층은 포(布)와 유사한 기능을 하게 된다. 따라서 제방의 절단을 막거나 흙의 강도를 높여 성토된 토양이 흘러내리거나 지반에 스며드는 것을 막아주며 제방 내면에서는 세굴(洗掘)을 방지해 주기도 한다.[2]

발굴조사 과정에서 부엽공법의 행위는 탄화된 층위로 확인되며 일부 나뭇가지 및 나뭇잎 등도 관찰할 수 있다. 특히 부여지역과 같이 저습지가 발달된 지형에서는 여러 층의 부엽공법도 살필 수 있어 대지조성토의 토층조사가 절대적으로 필요하다.

2) 小山田宏一, 2003, 「百濟의 土木技術」 『古代 東亞細亞와 百濟』, 충남대학교 백제연구소, 372쪽.

그림 14 _ 보성 조성리 저습지유적 부엽시설 (대한문화유산연구센타)

그림 13 _ 부엽공법의 재현
(大阪府立狹山池博物館, 2002,
『常設展示案内』, 22쪽)

그림 15 _ 부여 능산리사지 부엽시설 〈백제〉
(국립부여박물관, 2000, 「부여 능산리사지 제6차 발굴조
사 지도위원회 자료」, 24쪽 사진 8)

부엽공법은 전남 보성의 조성리 저습지유적을 비롯해 부
여지역의 능산리사지, 쌍북리 북포·현내들유적, 궁남지 주
변 등 많은 곳에서 살필 수 있다. 이들 대지에 모두 기와 건
물이 조성되지는 않겠지만 대지조성토의 축토(築土) 공법을
확인한다는 차원에서 토층조사는 반드시 필요한 작업이라
생각된다.

한편, 부엽공법은 건물의 대지 외에 김제 벽골제 및 당진
합덕제 등의 제방유적을 비롯해 멀리 일본 오사카의 협산지

에서도 확인할 수 있다. 원삼국시대 이후 연약지반(저습지
등) 개량공법 중 가장 일반적인 공법의 하나로 판단되며 고
대 한일의 토목기술 전파를 이해하는 데 중요한 자료가 된다.

(2) 말뚝지정

그 동안 발굴조사된 유적을 살펴볼 경우 굴립주 건물지
주변이나 도로유구와 접한 곳, 혹은 수로와 인접한 수변지역
에서 주로 확인되고 있다. 건물지 주변의 말뚝이 주로 부정
형하게 박혀 있는 반면, 도로나 수로와 관련된 말뚝은 일정
한 열을 보이고 있다. 그러나 후자의 경우도 방향성 측면에
서 만 열을 보일 뿐 말뚝의 밀집도나 범위 등에 있어서는 유
적마다 차이가 있다.

말뚝은 지하수면이 높은 기반토층이 머금은 다량의 수분
을 성토층 위로 삼투함으로서 기초 지반의 안정과 함께 상
부 성토층의 견고성을 유지하는 기능을 가지고 있다.[3] 요즈
음도 논둑을 보수하는 과정에서 어렵지 않게 살필 수 있다.

말뚝지정은 연약지반(저습지)를 개량하는 과정에서 활용

3) 忠南大學校百濟研究所,
2000,「扶餘 東羅城 · 西
羅城 發掘調査略報告書」,
6쪽.

말뚝지정

그림 16 _
부여 능산리사지 말뚝지정
〈백제〉
(국립부여박물관, 2000, 「부여
능산리사지 제6차 발굴조사 지
도위원회 자료」, 21쪽)

그림 17 _
부여 동나성 외부 말뚝지정
〈백제〉
(忠南大學校百濟硏究所·大田
地方國土管理廳, 2000,「扶餘
東羅城·西羅城 發掘調査略報
告書」, 7쪽 사진 3)

그림 18 _
부여 구아리 432번지 유적
말뚝지정
〈백제〉
(한얼문화유산연구원)

된 공법이기 때문에 생활면은 레벨상 이보다 높은 곳에 위치하게 된다. 따라서 절개작업 시 말뚝 상면의 토층 변화를 자세히 관찰하여 대지조성토와 생활면의 경계를 명확히 파악하여야 한다.

여기에서는 대지를 조성한다는 차원에서 기와 건물지를 포함한 여러 유적의 말뚝지정 사례를 살펴보고자 한다.

말뚝지정은 한편으로 나뭇가지 등의 유기물과 함께 시공되기도 한다. 즉, 일정한 간격으로 말뚝을 박고 그 사이에 유

그림 19 _
남해읍성 성근외부 말뚝지정
평면
〈조선〉
(권순강 · 이호열, 2009, 「남해
읍성의 공간구성과 축조기법에
관한 연구」『건축역사연구』제
18권5호 통권66호, 71쪽 그림
11)

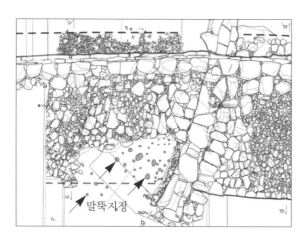

그림 20 _
김해읍성 북문지 서쪽 성벽부
말뚝지정
〈조선〉
(김해시 · 경남문화재연구원,
2009, 『김해읍성 북문지』, 99쪽
도면 23)

말뚝지정

그림 21 _
김해읍성 북문지 서쪽 성벽부
말뚝지정
〈조선〉
(김해시 · 경남문화재연구원,
2009, 『김해읍성 북문지』, 282
쪽 사진 92)

기물 등을 끼워 넣어 흙이 밀려남을 방지하고 있다. 부여 동나성을 비롯한 쌍북리건물지, 북포유적 N구역 1호 및 함안성산산성, 서울 구 동대문운동장 부지 등 여러 유적에서 확인된 바 있다. 시기적으로는 삼국시대 이후 조선시대까지 사용된 연약지반 강화공법으로 이해된다.

한편, 말뚝지정은 기둥의 하중을 받는 적심시설이나 석축으로 이루어진 배수시설 아래에서도 확인되고 있다. 즉, 기와건물이 저습지를 성토하고 그 위에 조성될 경우 지붕의

그림 22 _
부여 동나성 내부 말뚝지정 및 나무울타리
〈백제〉
(忠南大學校百濟研究所·大田地方國土管理廳, 2003, 『泗沘都城』, 300쪽 사진 18)

그림 23 _
서울 동대문운동장 부지 2간수 주변 말뚝지정 및 나무울타리
〈조선〉
(필자사진)

하중은 기둥을 통해 초석에 전달된다. 초석은 적심(적심석, 적심토 등)이라는 보강시설을 통해 기둥의 하중을 받쳐준다. 하지만 적심시설 조차도 저습지를 성토한 곳에 조성되는 경우 그 기능을 원활히 수행하기 힘들다. 이러한 경우 적심시설 아래에 말뚝을 박아 적심시설을 보강하고 있다.

따라서 대지조성토나 기단토에 대한 토층조사를 실시한 결과 기와건물지가 저습지 등의 연약지반 상면에 위치하는 경우 조사의 말미에 적심시설의 절개작업이 필요하다. 이를 통해 토층현황 및 말뚝지정 등의 연약지반 개량공법 등을 파악해 보아야 한다.

아울러 저습지상에 조성된 석축의 배수시설인 경우도 지반이 약하면 하중에 의해 자연스럽게 아래로 침하하게 된다. 이럴 경우 배수라는 원활한 기능을 수행하기 어려워 석재의 하중을 견디기 위한 말뚝지정이 필요하다. 이러한 유

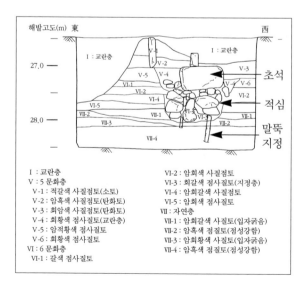

그림 24 _
서울 청진6지구 유적 내
말뚝지정
〈조선〉
(명지대학교 부설 한국건축문화연구소, 2007, 『서울 淸進6地區 遺蹟』 I , 191쪽 도면 71)

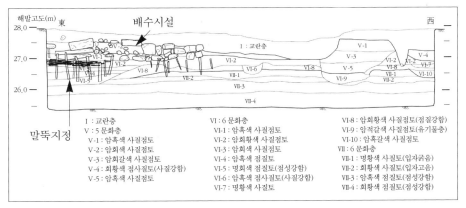

해발고도(m) 東 ... 배수시설 ... 西

28.0

27.0

26.0

I : 교란층
V-1
V-3
V-5
VI-1 VI-2 VI-5 VI-6 VI-8
VI-2
VI-9
VI-10
VII-1 VII-2 VII-3
VII-4

말뚝지정

I : 교란층
V : 문화층
V-1 : 암흑색 사질점토
V-2 : 암회색 사질점토
V-3 : 암회갈색 사질점토
V-4 : 회황색 점사질토(사질강함)
V-5 : 암흑색 사질점토

VI : 6 문화층
VI-1 : 암흑색 사질점토
VI-2 : 암회황색 사질점토
VI-3 : 암회색 사질점토
VI-4 : 암흑색 점질토
VI-5 : 명회색 점질토(점성강함)
VI-6 : 암흑색 점사질토(사질강함)
VI-7 : 명황색 사질토

VI-8 : 암회황색 사질점토(점질함)
VI-9 : 암적갈색 사질점토(유기물층)
VI-10 : 암흑갈색 사질점토
VII : 6 문화층
VII-1 : 명황색 사질토(입자굵음)
VII-2 : 회황색 사질토(입자고움)
VII-3 : 암흑색 점질토(점성강함)
VII-4 : 회황색 점질토(점성강함)

그림 25 _ 서울 청진6지구 유적 내 말뚝지정 〈조선〉

(명지대학교 부설 한국건축문화연구소, 2007, 『서울 淸進6地區 遺蹟』 I , 193쪽 도면 73)

구의 존재는 시굴조사 과정에서 능히 확인할 수 있는 것이기에 만약 조사 중 저습지가 노출되면 구덩이의 깊이를 자연퇴적토나 생토면까지 진행하여 이의 존재를 확인해 본다.

(3) 암거

암거는 석재나 기와 등을 이용하여 구(溝) 내부에 조성되며 저습지상의 대지조성토 중에 축조되어 있다. 지표면에서 대지조성토로 스며드는 유수나 저습지상에 흐르는 유수를 배수하기 위해 조성되었다. 특히 골짜기나 수전 상면에 유적이 조성되었다면 암거의 존재는 거의 필수적이라 할 수 있다.

석축암거가 저습지면과 인접한 성토(판축) 대지 하부에 조성되는 반면, 기와암거는 대지조성토 상부에 위치하고 있다. 석축암거가 기와암거에 비해 배수용량이 크고 축조범위도 넓음을 부여 능산리사지를 통해 살필 수 있다. 석축암거

는 석곽형(판석 혹은 할석으로 조성) 집수조와 연계되어 있
는 경우도 있으므로 이의 시말(始末)을 찾아 완벽한 유구조
사가 이루어지도록 한다.

　석축암거나 기와암거는 모두 생활면상에 조성되지 않는
유구이기 때문에 구덩이 조사를 통해서만 살필 수 있다. 따
라서 구덩이 작업 중 대지조성토 아래에서 석렬이나 와열
등이 검출되면 일단 암거로 생각하고 이와 연계된 집수조가
있는지 확인해 본다. 대체로 석축암거의 경우는 집수조가
아래에 위치하고 기와암거의 경우는 집수조가 위에 조성되
어 있으므로 작업 진행시 유심히 살펴본다.

　집수조는 재료나 형태에 따라 석곽형, 판석형, 목곽형, 우
물형 등으로 구분할 수 있다. 목곽형은 부여 관북리지역에
서 여러 기가 확인되었고 석곽형 및 판석형은 부여 능산리
사지에서 조사된 바 있다.

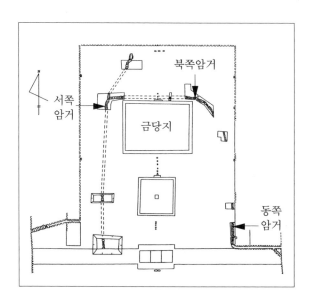

그림 26 _
부여 능산리사지 석축 암거
배치
〈백제〉
(國立扶餘博物館, 2000, 『陵寺』,
52쪽 도면 37 중)

최근 들어서는 공주 및 부여지역을 중심으로 우물형 집수
조가 찾아지기도 한다. 경사면을 정지하고 대지를 조성할
경우 지하의 유수는 자연스럽게 대지 아래 부분에 모아지게

그림 27 _
부여 능산리사지의 암거 축조
기법
〈백제〉
(國立扶餘博物館, 2000, 『陵寺』,
53쪽 도면 38 하)

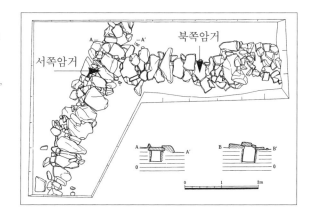

그림 28 _
부여 능산리사지 할석 집수조
〈백제〉
(國立扶餘博物館, 2007, 『陵寺』,
도면 12 중)

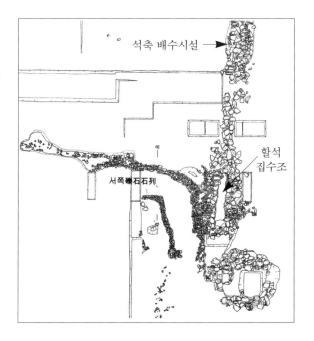

된다. 부여 정림사지를 비롯한 공주 공산성 공북루 앞 건물지(백제시기) 등에서 확인되었다.

우물형 집수조는 돌을 마치 우물 형태로 쌓은 것을 의미하는데 물이 일정정도 차오르면 도수관로를 통해 자연스럽게 밖으로 빠져나가도록 설계되었다. 집수조의 주변으로는 입수로와 출수로가 조성되기 때문에 이의 확인 조사도 함께 병행하는 것이 좋다.

암거는 대개 유수의 방향에 따라 경사면의 위에서 아래로 조성되기 때문에 트렌치의 방향은 이와 직교하여 설치하는 것이 좋다. 구덩이의 너비는 넓게 할 필요가 없지만 길이는 길게 하여 이의 존재 유무를 확인해 보아야 한다. 특히 경사진 저습지를 성토하여 건물을 조성하였을 경우에는 경사면 아래로 내려올수록 성토된 양이 많아지고 암거의 위치도 깊

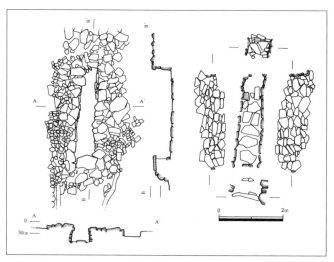

그림 29 _ 부여 능산리사지 활석 집수조 세부 〈백제〉 (국립부여박물관, 2000, 「부여 능산리사지 제6차 발굴조사 지도위원회 자료」, 15쪽 도면 3)

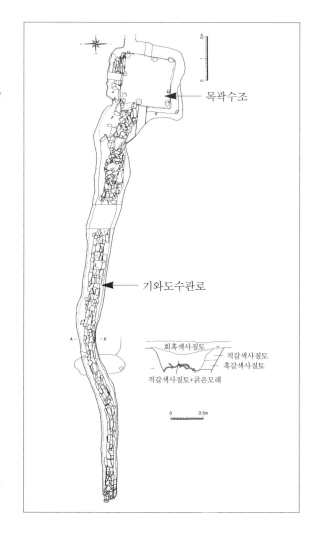

그림 30 _
부여 관북리 '마' 지구
목곽수조 및 기와도수관로
〈백제〉
(국립부여문화재연구소, 2009,
『扶餘 官北里百濟遺蹟 發掘報
告Ⅲ』, 171쪽 도면 56)

목곽수조

기와도수관로

회흑색사질토
적갈색사질토
흑갈색사질토
적갈색사질토+굵은모래

0   0.5m

어질 수 있으므로 구덩이의 너비를 잘 조정하도록 한다. 그
리고 암거가 위치하는 곳은 물이 흐르고 있음을 의미하는
것이기에 아래로 내려갈수록 지반이 불안정하다. 따라서 구
덩이가 무너지지 않도록 안전에 유의하도록 한다.

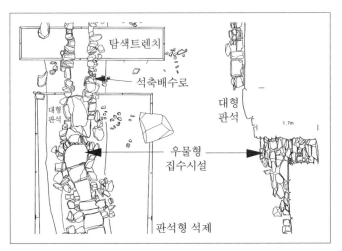

그림 31 _ 부여 정림사지 우물형 집수조 〈백제〉

(국립부여문화재연구소, 2011, 『扶餘 定林寺址』, 106쪽 도면 35)

그림 32 _

공주 주미사지 기와암거

〈조선〉

(공주대학교박물관, 2005, 『發
掘遺蹟과 遺物』, 287쪽 사진 상)

(4) 자갈석렬과 마사토 충전

부엽공법과 말뚝지정 외에 연약지반(저습지 등)의 개량공
법으로 자갈석렬과 구(溝) 내부의 마사토 충전 등이 있다.
두 유구 모두 대지조성토 내부나 기반토면에 구(溝)를 팠다
는 점에서 공통점이 있다. 다만, 전자가 구 내부에 소형 할석

(혹은 역석)을 채우고 후자는 배수가 용이한 마사토(석비레)를 충전하였다는 점에서 차이가 있다.

일부 자갈석렬의 경우는 석축암거나 기와암거와 마찬가지로 하단부의 집수조와 연결되어 있다. 따라서 대지 조성토 내부에 구(溝)가 축조되고 그 내부에 할석 등의 자갈이 채워 있으면 이를 연약지반 개량공법으로 이해하고 조사범위를 상하 확대하여 집수조를 찾아보도록 한다.

구(溝) 마사토 충전 공법은 그 동안의 발굴조사를 통해 거의 알려진 바 없어 향후 저습지 발굴 시 토층조사에 만전을 기해야 할 것이다. 구의 너비는 50~150cm 정도이고 깊이는

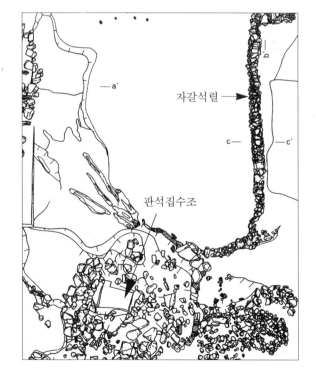

그림 33 _
부여 능산리사지 자갈석렬
〈백제〉
(國立扶餘博物館, 2007, 『陵寺』,
도면 15 중)

20~50cm로 정형성은 없으나 여러 개의 구가 일정한 방향으로 같은 지역에 밀집되어 있다는 점에서 토층상의 특이성이 발견된다.

자갈석렬은 요즈음의 경작지에서도 어렵지 않게 살필 수 있다. 즉, 물이 많이 나는 논밭의 경우 이를 배수하기 위해 구를 파고 자갈을 채워 놓는 경우가 있다. 경사진 곳에 경작지가 위치하는 경우엔 석렬의 방향 역시 위에서 아래로 향하나 평지에 가까운 경작지에서는 일정한 정형성을 찾아보기 어렵다.

구 내부에서는 자갈(할석)이나 마사토와 함께 토기, 자기, 기와 등도 함께 수습되고 있다. 이들 유물은 대지상에 조영된 건축물에 비해 선행되는 것이기에 유적의 편년을 검토하는 데 있어 결정적인 역할을 한다. 예컨대 구 내부에서 18세기의 백자가 출토되었다면 이 위에 조성된 건축물의 상한 시기는 구지표면에서 수습되는 선행 시기의 유물과 관련 없이 무조건적으로 18세기 이전으로는 올라갈 수 없게 된다.

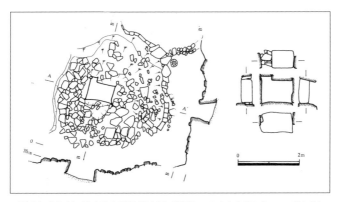

그림 34 _ 부여 능산리사지 판석 집수조 〈백제〉 (국립부여박물관, 2000, 「부여 능산리사지 제6차 발굴조사 지도위원회 자료」, 15쪽 도면 3)

그림 35 _

여주 고산서원지 자갈석렬
〈조선〉

(한얼문화유산연구원)

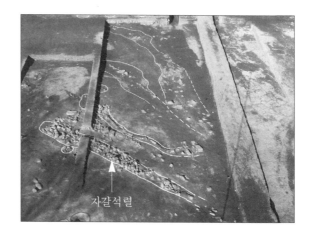

자갈석렬

그림 36 _

여주 고산서원지 자갈석렬
세부
〈조선〉

(한얼문화유산연구원)

그림 37 _

부여 구아리 432번지 유적 구
마사토열 전경
〈백제〉

(한얼문화유산연구원)

구 마사토열

이와 같은 연약지반(저습지) 개량공법은 생활면(구지표면) 아래에 형성되어 있기 때문에 건물지의 평면 조사에서는 거의 찾아볼 수 없다. 아울러 여러 공법이 동시에 나타나는 경우가 일반적이다. 따라서 시굴조사 과정에서 구덩이의 깊이를 최대한으로 하여 위의 공법을 토층상에서 파악해 보는 것이 우선적으로 필요하다. 그리하여 유구의 중복상태나 여러 공법의 존재 등을 파악하여 본 발굴조사를 진행 할 시 충분한 시간을 갖고 조사에 임하여야 할 것이다.

2. 축기부

1) 축기부 굴광과 그 내부의 판축 및 성토공법

하중이 많이 나가는 금당지나 탑지의 하부에서 주로 살필 수 있으며 생토면이나 완성된 대지를 되파기하여 축기부를 조성한다. 기단의 범위보다 넓게 축조되는 것이 일반적이다.

　기와건물지에서 살필 수 있는 이러한 토목기술은 중국의 경우 이미 한대부터 확인되고 있으며 우리나라의 경우는 백제 한성기부터 그 시초가 찾아지고 있다. 건물의 기단부를 보강하는 차원에서 시설되었기 때문에 층위상 기단석이나 초석, 적심 등의 유구보다 아래에 위치하고 있다.

　따라서 축기부의 존재 유무를 파악하기 위해선 기단 내부보다는 이의 외부에 구덩이를 설치하여 토층 변화를 파악해 볼 필요성이 있다. 만약, 기와 건물에 축기부가 조성되었다면 토층은 기단 방향으로 대지조성토나 생토면이 굴광(절개)되어 나타난다.

　기와건물지에서의 축기부 굴광은 주로 백제 및 신라의 금당지와 탑지 등에서 확인할 수 있다. 그러나 축기부의 조성이 건물의 하중을 지탱케 하는 또 하나의 토목공법이라는 점에서 통일신라시대 이후 조선시대의 기와건물지에서도 얼마든지 찾아질 수 있다.

　굴광된 축기부 내부는 판축토나 성토다짐토, 혹은 토석혼축의 상태로 나타난다. 그러나 공사를 담당하는 장인의 기술력에 따라 판축이나 성토다짐의 정도는 유구에 따라 다르

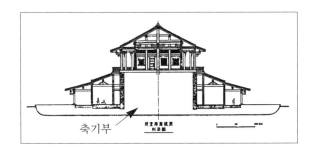

그림 39 _
서안 명당유적 벽옹 축기부
〈중국 한대〉
(楊鴻勛, 『建築考古論文集』, 文物出版社, 1987, 圖四)

축기부

게 나타날 수 있다.

건물지의 조사가 초석이나 적심시설을 확인하고 기단석 정도의 노출만을 대상으로 한다면 이러한 축기부의 존재는 앞으로도 확인될 가능성이 아주 희박할 것이다. 따라서 향후 기와 건물지에 대한 발굴조사를 실시할 경우에는 이에 대한 조사의 필요성을 고려하여 조사 방법이나 일정 등을 모색하여야 한다.

축기부의 존재유무를 파악하기 위해선 건물의 기단을 중심으로 한 안팎으로의 구덩이 작업이 필요하다. 이 때 구덩이의 폭은 기단을 고려해 설정하되 1m 정도로 조성하는 것이 적당하며, 깊이는 자연퇴적토 혹은 생토면까지로 한다. 그렇지 않을 경우 축기부 굴광토의 깊이나 판축 혹은 성토 다짐된 토양의 성질을 파악할 수 없어 원활한 토층조사가 이루어질 수 없게 된다.

축기부 내부 토양 중 판축토의 경우는 대체로 점질토나 사질토를 이용하여 5~10cm의 두께로 정교하게 축토하고 있다.4) 반면, 성토 다짐된 토양은 판축토에 비해 축토공법이 거칠고 석재(토석혼축) 등이 포함되어 있어 외견상 구별이 뚜렷하다. 이는 각각의 토층을 구성하는 축토의 두께에서도 20~40cm 이상이어서 차이를 보인다.

특히 기와건물지가 저습지를 매립하고 그 위에 조영되었을 경우 부여 능사나 익산 미륵사에서와 같이 판축토나 성토부 아래에 유수를 고려한 모래나 석재 등의 보강 재료가 시설될 수 있다. 따라서 토층조사를 진행할 경우 자연퇴적토나 생토면까지 실시할 필요가 있다.

4) 판축의 경우 흙을 한 겹 깔고 달고질을 실시하는 데 흔히 목달고나 석달고를 이용하고 있다. 백제 금강사지 판축토의 경우 직경 3cm 정도의 목달고를 사용하였다.

2) 축기부의 분류

그 동안 발굴조사를 통해 확인된 축기부의 여러 사례를 축조기법 및 내부의 충전물에 따라 분류해 보고자 한다. 기와 건물의 하중과 밀접한 관련이 있어 축기부의 존재는 부정할 수 없으나 발굴과정에서 확인되는 사례가 많지 않아 대표적인 유적을 통해 그 형적만을 살펴보도록 하겠다.

(1) 축조기법에 따라

■ 생토면을 파고 축기부를 조성한 경우
부여 금강사지, 익산 제석사지 목탑지 등에서 살필 수 있다.

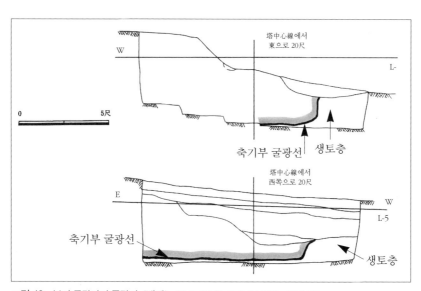

그림 40 _ 부여 금강사지 목탑지 〈백제〉 (國立博物館, 1969, 『金剛寺』, 도면 13)

■ 생토면을 정지하고 축기부를 조성한 경우
이러한 사례의 유구는 정지된 생토면 위로 약간의 성토다

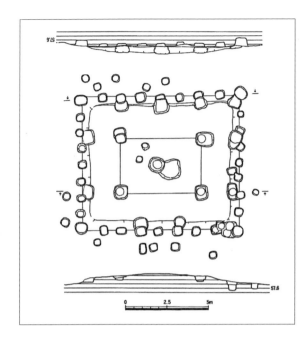

그림 41 _
공주 정지산 기와 건물지
평 · 단면도
〈백제〉
(국립공주박물관 · (주)현대건
설, 1999, 『艇止山』, 28쪽 도면 5)

짐을 하고 있다. 공주 정지산유적 내 건물지, 부여 군수리사
지 금당지, 부여 부소산사지 금당지 · 목탑지, 오산 지곶동사
지 금당지 등에서 살필 수 있다.

■ 대지를 되파기하고 축기부를 조성한 경우

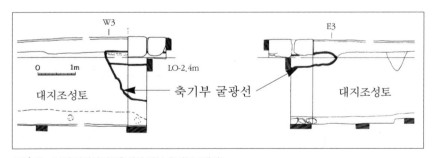

그림 42 _ 부여 정림사지 5층석탑 하부 축기부 〈백제〉
(忠南大學校博物館 · 忠淸南道廳, 1981, 『定林寺』, 도면 19 및 도면 20)

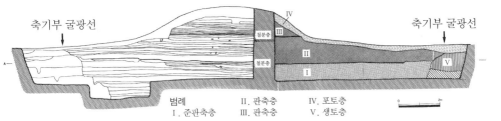

그림 43 _ 부여 용정리사지 목탑지 축기부〈백제〉(扶餘文化財硏究所・扶餘郡, 1993, 『龍井里寺址』, 21쪽 삽도 4)

부여 용정리사지 목탑지, 부여 정림사지 5층석탑, 익산 미
륵사지 서탑 및 동탑지, 경주 황룡사지 목탑지, 경주 분황사
지 건물지 등 여러 유적에서 살필 수 있다.

(2) 굴광된 축기부 내부의 충전물에 따라

▌판축토

서울 몽촌토성 내 판축대지를 비롯한 부여 용정리사지 목
탑지, 부여 정림사지 5층석탑, 부여 금강사지 금당지・목탑
지, 익산 미륵사지 중원 목탑지, 익산 제석사지 목탑지・방형
축기부 건물지, 고려시대 서천군 비인면 탑성이 5층석탑 등
에서 살필 수 있다.

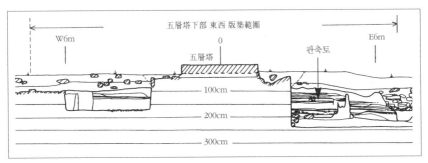

그림 44 _ 보령 성주사지 5층석탑 축기부 〈통일신라〉
(保寧市・忠南大學校博物館, 1998, 『聖住寺』, 79쪽 도면 5 하)

그림 45 _
보령 성주사지 5층석탑
축기부
〈통일신라〉
(保寧市・忠南大學校博物館,
1998,『聖住寺』, 원색사진 47)

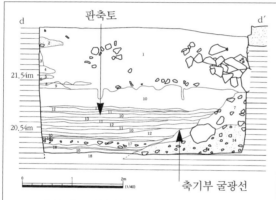

그림 46 _
서천 비인 탑성이 5층석탑
축기부 굴광 판축토
〈고려〉
(백제문화재연구원, 2010,
『舒川 庇仁5層石塔 遺蹟』,
203쪽 도면 10)

1. 흑색교란토 + 할석(매립토)
2. 콘크리트덩어리 + 굵은모래 및 자갈(1960년대 보수공사)
3. 흑갈색사질토(보수공사시 성토)
4. 적색점질 + 흑갈색사질토(고란층)
5. 밤갈색사질점토
6. 명갈색마사토 + 흑갈색사질토
7. 흑갈색사질토 + 소할석
8. 적색점질토
9. 흑갈색사질점토
10. 적색점질토 + 마사토소량
11. 명갈색마사토
12. 적색점질토 + 마사토 + 사철(분)
13. 명갈색점질토
14. 자연퇴적층(굵은모래 + 강돌)
15. 석탑보호콘크리트
16. 명갈색사질점토
17. 흑색산화철분 + 수자갈포함
18. 흑색산화철분

그림 47 _
서천 비인 탑성이 5층석탑
축기부 굴광 판축토
〈고려〉
(백제문화재연구원, 2010,
『舒川 庇仁5層石塔 遺蹟』,
ⅱ 원색도판 2)

■ 성토다짐토

왕흥사지 목탑지에서 살필 수 있다.

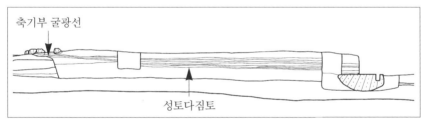

그림 48 _ 부여 왕흥사지 목탑지 축기부 성토다짐토 〈백제〉
(국립부여문화재연구소, 2009,『王興寺址 3 木塔址 金堂址 發掘調査 報告書』, 33쪽 도면 5 중)

■ 토석혼축

익산 미륵사지를 비롯한 경주 황룡사지 금당지 · 목탑지,
분황사지 건물지, 공주 수원사지 석탑지, 여주 원향사지 추
정 목탑지, 금강산 신계사지 석탑 등에서 살필 수 있다.

• 경주 황룡사지 목탑지 및 금당지

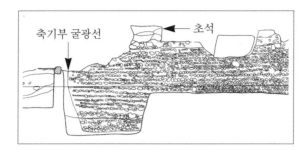

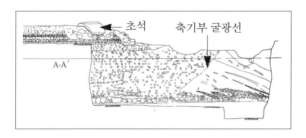

• 금강산 신계사지 3층석탑

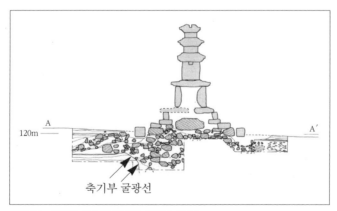

그림 51 _ 금강산 신계사 3층석탑 축기부 〈조선〉
(대한불교조계종 유지재단 문화유산발굴조사단, 2005, 『金剛山 神溪寺
-2차(탑지 · 만세루지)문화유적 발굴조사』, 28쪽 도면 6)

▌강회다짐

월정사 8각9층석탑에서 살필 수 있다. 석탑의 지대석 아래에서 천석과 모래, 강회 등이 혼축된 축기부가 확인되었다. 축기부의 너비는 석탑 지대석 끝단으로부터 약 1m 정도로 지대석을 완전 감싸고 있다. 축기부를 확인하는 과정에서 백자 저부편이 수습되어 이의 조성 시기는 조선시대 중기 이후로 판단되었다.

그림 52 _
평창 월정사 8각9층석탑
축기부 강회다짐
〈조선〉

그림 53 _
평창 월정사 8각9층석탑
축기부 강회다짐
〈조선〉

3) 축기부 출토 유물의 해석

축기부에서 수습되는 유물은 해당 유구의 축조시기를 판단하는 데 결정적인 자료를 제공하기 때문에 유물 수습에 만전을 기하여야 한다. 즉, 축기부 성토다짐토 내에서 12세기 청자와 17세기 백자가 함께 수습되었다면 해당 축기부와 관련된 건물지의 편년은 그 상한이 17세기 이전으로는 절대 올라갈 수 없게 된다.

또한 축기부에서 확인되는 화재 폐기물 등은 선축된 건물지와 밀접한 관련이 있기 때문에 축기부 주변에서의 화재 건물지가 존재하는지에 대해서도 살펴볼 필요가 있다.

건물지의 경우 넓은 범위 내에서 서로 중복되지 않고 평면적으로 나타나게 되면 그 개개의 축조연대를 밝히기가 쉽지 않다. 따라서 축기부에서 확인할 수 있는 자료들을 인접한 건물지와 상호 비교하여 상관관계를 추출해 볼 필요성이 있고 이를 통해 건물지의 선후 관계도 파악해 보아야 할 것이다.

3. 토류석(흙 멈추개 돌)

넓은 의미에서 축대로 볼 수 있으나 석축(石築)하고 축토(築土)하는 과정에 미묘한 차이가 있어 별도 분리하였다. 토류석은 한산 건지산성 동벽에서도 확인되고 있어 기와 건물 뿐만 아니라 토성에도 사용된 지토시설(止土施設)로 이해할 수 있다. 대지를 조성하는 과정에서 생겨난 건축 부재라 생각된다.

지대가 낮은 곳에 기와건물을 조성할 경우 부득이하게 대지를 높일 필요가 있다. 이 때 정형적으로 돌을 쌓아 올려 대지를 조성하는 수도 있지만 대형 석재를 부정형적으로 쌓고 그 뒤에 흙이나 할석을 채워 대지를 완성하는 경우도 있다. 전자인 경우를 축대라 표현한다면 후자의 경우는 토류석(土

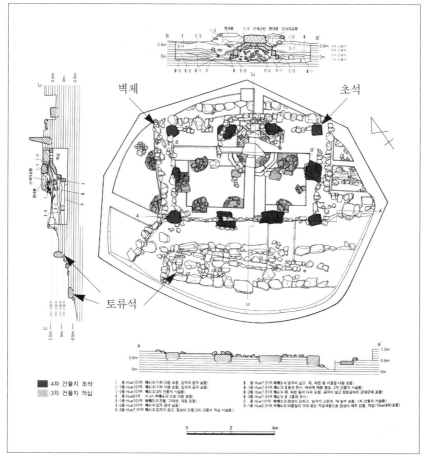

그림 54 _ 경주 안계리사지 불전지 토류석 〈조선〉 (경주시 · 대한불교조계종 유지재단 문화유산발굴조사단, 2005, 『慶州安溪里石造菩薩坐像周邊地域1 · 2次 文化遺蹟發掘調查報告書』, 13쪽 도면 3)

留石)이라 부를 수 있다. 축대는 대지 조성뿐만 아니라 절개지에도 축조되어 토류석보다는 광의의 개념으로 이해할 수 있다.

축대는 석축의 단면이 일자형이나 계단형일 정도로 정형성이 있는 반면, 토류석은 부정형적으로 축석된다. 즉, 1단의 토류석이 최하단에 시설되고 그 위에 2~4단의 토류석을 올리고자 할 때 축대에서와 같은 정형적인 축석행위는 살펴지지 않는다.

토류석의 후면으로는 성토가 이루어지는데 여기에는 주변에서 채토된 토양과 할석, 그리고 화재로 폐기된 기와 건물지 등의 잔재(벽체편, 기와, 토기·자기) 등이 함께 나타날 수 있다. 따라서 여러 시기 다양한 유물들이 공반 출토될 가능성이 높다. 이럴 경우 후대 유물을 중심으로 한 건물지의 편년 등이 설정되어야 할 것이다.

아울러 성토된 토양 내부에 기와건물지의 잔재 등이 포함되어 있다면 조사지역 주변으로 선축된 유구가 존재하고 있음을 추정해 볼 수 있다. 따라서 정밀한 지표조사를 통한 유구의 확인 및 유물 수습 등이 수반되어야 할 것이다.

4. 기단시설

기단과 기단토를 통칭하는 의미이다.

다양한 재료를 이용한 여러 형식의 기단은 그 축조기법에 있어서도 매우 다양하다. 특히 기단토와 관련시켜 그 양상을 살펴보아야 하기 때문에 기단토와 기단석의 절개작업이 필수적이다. 만약, 절개작업이 불가능할 경우에는 이의 축

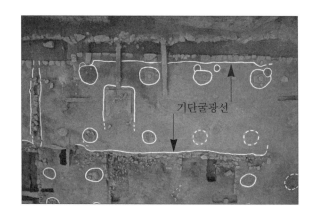

그림 55 _
오산 지곶동사지 추정 금당지
기단굴광선
〈고려〉
(기호문화재연구원, 2010,
『烏山 紙串洞遺蹟』)

기단굴광선

조기법을 살필 수 있는 부분적인 토층조사라도 실시하여야
한다.

기단석의 조성은 기단토와 동시에 실시하는 경우가 있고,
그렇지 않은 경우에는 기단토를 먼저 조성하고 나중에 기단
석을 축조하는 것이다. 전자는 평·단면 조사에서 토층변화
를 전혀 살필 수 없는 것으로 기단석을 한 벌씩 놓은 다음 이
에 잇대어 기단토를 반복 축토하는 방식이다. 반면, 후자의
경우는 기단토를 완성한 다음 기단석이 놓일 부분을 절개하
고 그 개구부에 기단을 축조하는 방식이다(가장 일반적인

그림 56 _
여주 영릉 재실유적 건물지
기단굴광선
〈조선〉
(기호문화재연구원, 2009,
『驪州 英陵 齋室遺蹟』)

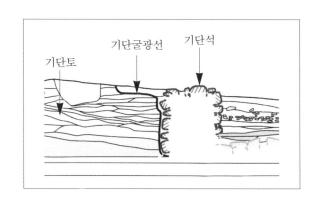

기단토   기단굴광선   기단석

그림 57 _
여주 영릉 재실유적 건물지
기단굴광선
〈조선〉
(기호문화재연구원, 2009,
『驪州 英陵 齋室遺蹟』)

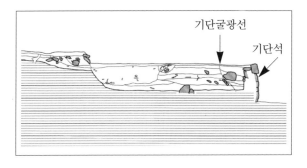

그림 58 _
합천 영암사지 건물지
기단굴광선
〈고려〉
(경상문화재연구원, 2011,
『陜川 靈巖寺址』, 25쪽 도면 11)

방법). 이 때 기단과 기단토 사이에는 토석 등이 충전되어 있
어 기단의 완충작용을 한다.

마지막 방법으로는 기단토상에 U자형의 홈을 파고 그 내
부에 판석이나 기와, 전 등을 사용하여 기단을 축조하는 형
식이다. 이는 그 동안 수직횡렬식 기단에서 만 관찰된 것으
로 기단과 굴광선 사이에는 기단의 쓰러짐을 방지하기 위하
여 토사를 단단하게 충전해 놓고 있다.

기단석은 정지된 생토면이나 완성된 대지를 되파기 한 후
조성하는 것이 일반적이다. 그러나 장대석을 이용한 치석기
단의 경우 이것이 일부 매립될 수 있도록 좁고 길게 생토면

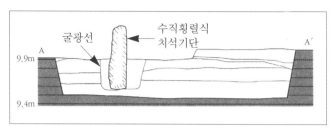

그림 59 _ 부여 왕흥사지 목탑지 기단굴광선 (국립부여문화재연구소, 2009, 『王興
寺址Ⅲ 木塔址 金堂址 發掘調查 報告書』, 49쪽 도면 9)

을 굴광하는 경우가 있다. 이러한 구를 흔히 요구(凹溝)라
부르고 있으며 기단석이 밖으로 밀려나지 않도록 하기위한
토목기술 중의 하나이다.

요구 바닥에는 황룡사지 금당지에서처럼 작은 할석이 깔
려 있는 경우가 있으나 그렇지 않은 유구도 확인되고 있다.
아울러 요구 내의 장대석은 표면이 잘 다듬어져 있어 후대
의 건축행위에 재사용 되는 경우가 적지 않다. 이럴 경우 장
대석으로 된 기단석은 그 흔적을 살필 수가 없다. 다만, 이의
보강시설인 할석이나 요구만이 노출될 뿐이다.

그림 60 _
부여 부소산사지 금당지 요구
시설

따라서 발굴조사 과정에서 방형 혹은 장방형의 좁고 긴 구가 확인된다면 이를 기단시설인 요구로 파악하고 조사를 진행하는 것이 좋다. 다만, 평면상에서 요구만 확인될 정도라면 기단석은 이미 멸실된 상태이기 때문에 세부 조사에 유의하여야 한다.

　　한편, 기단석의 최하부에는 미석이 놓이는 경우도 있으므로 전체 기단석을 살필 수 있는 구덩이작업이 필요하다. 이 경우 토층조사를 면밀히 하여 생활면을 찾는 작업도 병행되어야 한다. 생활면의 경우 미석 위에 조성되는 것이 일반적이기 때문에 미석만 있고 토층상에서 생활면이 확인되지 않는다면 생활면은 이미 유실된 것으로 이해하여야 한다. 아울러 미석 위에 축토된 토양은 넓은 의미에서 대지조성토로 그 성격을 파악하여야 할 것이다.

▌미석과 보강석

　　미석은 대체로 기단석의 최하부에 위치하고 있다. 이의 상부는 편평하며, 그 위로 한 단 정도 들여 기단석을 올리고 있다. 미석 아래로 더이상의 기단석은 존재하지 않으므로 제토

그림 61 _
대전 상대동 중동골유적 내
건물지 미석 1
(필자사진)

작업은 이 선에서 마무리한다. 다만, 기와건물지가 저습지를 매립하고 조성되었을 경우에는 기단석의 보강시설로 축석 (築石)을 하는 경우가 있으므로 구덩이 조사를 통해 확인해 본다.

일부 기단석의 경우 토압에 의해 뒤로 밀려나는 경우가 있는 데 이를 방지하기 위해 보강석으로 막아놓기도 한다. 기단석과 보강석 사이에는 소형 할석을 채워 기단석의 완충 작용을 돕고 있다. 따라서 기단석 조사 시 평면 윤곽이 확인 되면 보강석이나 뒤채움석 등을 확인하기 위한 세부 구덩이

그림 62 _
대전 상대동 중동골유적 내
건물지 미석 2
〈필자사진〉

그림 63 _
기단 뒤채움석 및 보강석
〈조선〉
〈필자사진〉

작업이 필요하다.

기단토는 건물의 하중을 전체적으로 받는 부분이다. 기단
토는 생토면이거나 판축토 혹은 성토다짐토로 이루어져 있
어 토층조사를 통해 그 성질을 파악해 볼 수 있다. 특히 구릉
사면을 삭토하거나 절토하여 건물을 조영할 경우 경사 상면
의 기단토는 생토면이 될 가능성이 높다. 반면 경사 아랫면

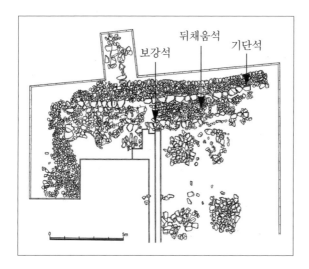

그림 64 _
해미읍성 4호 건물지 기단 뒤
채움석 및 보강석
〈조선〉
(忠淸埋藏文化財硏究院, 1999,
『海美邑城』, 82쪽 도면 26)

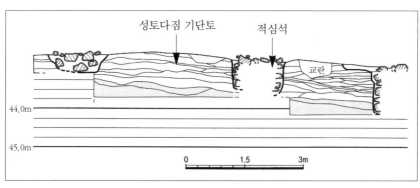

그림 65 _ 여주 영릉 재실유적 건물지 성토다짐 기단토 〈조선〉
(기호문화재연구원, 2009, 『驪州 英陵 齋室遺蹟』)

그림 66 _
여주 영릉 재실유적 건물지
성토다짐 기단토
〈조선〉
(기호문화재연구원, 2009,
『驪州 英陵 齋室遺蹟』)

성토다짐
기단토

성토다짐
기단토

적심석

그림 67 _ 부여 쌍북리 건물지 판축기단토
〈백제〉(필자사진)

은 절토 · 삭토된 흙을 이용하여 판축
혹은 성토다짐토로 기단토를 조성하
게 된다. 아울러 경사 윗면은 토사의
유입이나 유수를 방지하기 위해 배수
구 및 축대 등을 축조하기도 한다.

기단토는 기단과 밀접한 관련이 있
으므로 이들을 상호 연계하여 조사하
는 것이 필요하다. 기단토 상면은 기
단 상면과 거의 일치하며 이는 초석
주좌부(기둥자리)의 아래 부분과도 일
치하고 있다. 아울러 기단토 상면에는
고맥이가 올려지거나 고맥이를 시설
하기 위한 고맥이 적심의 요구(凹溝)
가 조성되기도 한다.

기단토를 조사하다 보면 초석 중 일부의 경우 그 측면이
다듬어진 것과 그렇지 않은 것을 발견할 수 있다. 이럴 경우
그 경계면이 기단토의 상면일 가능성이 높다. 따라서 정리

그림 68 _
초석에서의 기단토 상면
〈조선〉
(필자사진)

작업 중 초석이 완전 드러날 정도로 혹은 적심이 노출될 정
도로 기단토를 제토하는 것은 좋지 않다. 이는 조사가 완료
된 이후에 시행해도 늦지 않다.

　기단토는 화재로 폐기된 기와집의 폐기물이나 주변에서
채토하기 쉬운 흙을 이용하여 성토다짐하는 경우가 종종 있
다. 이러한 경우 기단토 작업 과정에서 기와나 토기, 자기 등
의 유물이나 목탄을 수습할 수 있다. 이들 유물은 해당 건물
지의 상한 연대를 설정하는데 아주 기초적인 자료가 될 수

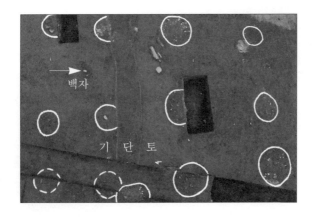

그림 69 _
여주 고산서원지 기단토 내
유물 포함 상태
〈조선〉
(한얼문화유산연구원)

그림 70 _
여주 고산서원지 기단토 내
유물 포함 상태
〈조선〉
(한얼문화유산연구원)

적심석

기단토 내
백자, 기와편

있으므로 수습할 때 출토 층위 및 공반 유물 등을 잘 기록한
다. 특히 목탄은 출토유물과의 시기를 비교할 수 있다는 점
에서 보관에 철저를 기하고 분석 의뢰한다.

한편, 기단토에 대한 층위 파악을 위해 구덩이 조사를 실
시할 경우 대지조성토나 축기부토와 혼동하지 않도록 한다.
기단토는 일반적으로 외장시설인 기단과 직접적으로 관련
된 것이기 때문에 기단의 축조기법과 축토현황을 면밀히 살
펴 대지조성토 및 축기부토와 구별하여 토층조사 한다. 대
지조성토는 대지를 조성하기 위해 축토한 것이므로 건물 내
부인 경우 기단토 아래에 위치하게 된다.

아울러 기와건물지 내부에 온돌이 없는 경우에는 건물 바
닥이 마루였음도 추정할 수 있다. 이럴 경우 기단토 상면에
는 초석 외에 동바리를 세우기 위한 별도의 초석이 놓일 수
있다.

동바리는 마루의 침하를 방지하기 위해 군데군데 세운 짧
은 기둥을 의미한다. 이의 초석은 본래의 주초석에 비해 크
기가 작고 정형성도 떨어져 부주의할 수 있으므로 기단토

제토 시 유의하여야 한다. 이는 달리 말하면 기단토 상면에 초석 이외의 다른 석재가 놓여있는 경우 아무 의심 없이 이들 석재를 제거해서는 안 된다는 의미이다. 왜냐하면 모든 사람들이 건물 내부에서 기단토 만을 생활면으로 사용하고 있지 않기 때문이다. 만약, 기둥이나 동바리 등을 이용하여 마루를 생활면으로 사용할 경우 거주자는 그 만큼 기단토면과 떨어진 공간에서 생활하게 된다.

한편, 하중이 많이 나가지 않는 툇마루 등의 하부에도 동바리가 시설되는 경우를 살필 수 있다.

그림 71 _
신륵사 구룡루
(필자사진)

그림 72 _
신륵사 구룡루 마루 아래
주초석과 동바리 초석
(필자사진)

동바리 초석   주초석

그림 73 _
신륵사 구룡루 마루 아래
주초석과 동바리 초석 세부
〈필자사진〉

동바리
초석

주초석

그림 74 _
부여 민칠식 가옥 마루 아래
동바리 및 초석 세부
〈조선〉
〈필자사진〉

마루

동바리

초석

1) 기단토 조사방법

건물지 조사 시 동 - 서 혹은 남 - 북 구덩이 작업을 통해
기단시설을 확인할 수 있다. 기단 일부가 유실되었다고 판
단될 경우에는 건물의 장축방향을 고려하여 이와 직교되게
구덩이 조사를 실시하는 것이 기단 형적 확인에 유리하다.
기단토는 기단 내부에 축토된 흙으로서 초석이나 적심 등이
시설되어 있다.

기단토의 1차적인 조사는 구덩이 작업을 통해 이의 상면을 확인하는 것으로부터 시작된다. 이는 시굴조사를 통해 우선적으로 파악되어야 하나 시굴조사 없이 직접 발굴조사를 진행할 경우에는 토층조사를 통해 표토(경작토 등) 및 기단토 등을 식별하여야 한다. 발굴조사는 항시 조사기간과 밀접한 관련이 있으므로 토층조사 시 구덩이는 넓을 필요가 없으며 토층 확인을 위한 목적에 맞게 실시한다.

기단토 상면은 대개 초석 상면보다 약간 낮게 조성되므로

그림 75 _
여주 영릉 재실유적 기단토
조사
〈소선〉
(기호문화재연구원, 2009,
『驪州 英陵 齋室遺蹟』)

그림 76 _
고창 참당암 지장전
〈조선〉
(필자사진)

초석이나 적심시설과의 조사와 연계시켜 실시한다. 아울러 급경사면에 건물을 조영할 경우 경사 아랫면의 대지조성토는 평지 건물의 그것보다 높게 축토되고 있다. 이 때 시설되는 기단 역시도 높게 조성될 수 밖에 없어 일종의 축대시설로 이해되기도 한다.

기단 조사의 마무리단계에서는 토층확인을 위한 세부 절개 작업이 필요하다. 이를 통해 기단토와 기단의 축조관계, 그리고 기단의 조성기법 등을 관찰하여야 한다. 일부 기단의 경우 기와나 전, 석재 등을 시설하기 위해 '요구(凹溝)'

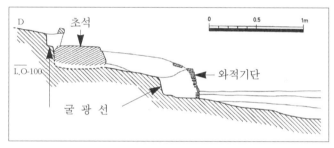

그림 77 _ 금성산 와적기단 건물지 기단 굴광선 〈백제〉 (국립부여박물관, 1992, 『扶餘錦城山百濟瓦積基壇建物址發掘調査報告書』, 69쪽 도면 8)

그림 78 _
생토 기반암층을 절토하고
그 전면에 기단석을 조성
〈오산 지곶동사지, 고려〉
(필자사진)

를 파는 경우가 있기 때문에 생토면까지 하강 작업이 필요하다.

한편, 기단 중 와적기단의 경우는 기능성보다 장식성을 강조한 것이기 때문에 기단 전면에 암키와 등을 세워놓는 경우가 있다. 이는 일반적인 와적층과 확연히 구별되는 것이기 때문에 유구의 형적 파악이 어렵지 않다. 다만, 기와건물의 경우 사용시기가 길기 때문에 이들 기와 또한 편년이 일정치 않다. 이러한 시기상의 차이는 결과적으로 해당 건물의 일부 보축 혹은 사용 시기를 포함하는 것이어서 주의 깊게 관찰할 필요가 있다. 특히 혼축기단의 경우 이것이 처음부터 서로 다른 재료가 혼합된 것인지 아니면 후대의 보축과정에서 사용된 것인지 기단의 평면조사나 단면조사에서 확인해 보아야 한다.

아울러 이중기단은 기단토의 단면이 2단으로 조성되기 때문에 단층기단과는 토층에서 차이가 있다. 그리고 하층기단 상면에 초석이나 적심시설 등이 조성되는 경우도 있어 기단토 조사시 토층 변화에 주의를 기울여야 한다.

그림 79 _
금성산 건물지의 와적기단 앞 기와
(국립부여박물관, 1992,
『扶餘錦城山百濟瓦積基壇建物址發掘調査報告書』,
4쪽 도판 4)

2) 기단의 형식분류

기단은 기단토의 외장시설을 의미한다. 기단에 사용되는 재료는 석재가 가장 많고 그 외 기와, 전 및 이들을 혼축한 전석, 전토, 전와 등의 기단이 있다. 석재의 경우도 다듬은 돌(治石)을 사용하는 경우와 일반 할석이나 강돌(역석)을 사용하는 경우가 있다.

기단을 축조하는 방법은 평적식, 합장식, 수직횡렬식, 사적식, 가구식 등이 있다.

■ 기단은 지토시설(止土施設)인가?
외장시설(外裝施設)인가?

기단은 기단토 외곽에 시설되면서 기단 내부의 토양이 밖으로 흘러내리는 것을 방지해 준다. 기단토는 지붕의 하중을 직접적으로 받는 곳으로 여기에는 초석과 적심이 조성되어 있다. 만약 기단이 시설되지 않는다면 기단토는 우수에 의해 훼실되거나 외부로 유실되어 초석과 적심의 위치가 밀려나게 된다. 이렇게 되면 기둥이 함께 움직이면서 건물은 침하되고 결국 붕괴에 이르게 된다. 이럴 경우 기단은 기단토를 보호해주는 지토시설로 이해할 수 있다.

그러나 한편으로 기단은 기단토가 완성된 이후 그 전면에 축조하게 된다. 이 때 기단토의 전면은 'ㄴ'자 모양으로 절개되고 기단과 기단토 사이는 완충작용을 위한 흙이나 할석 등이 충전된다. 이렇게 볼 때 기단은 기단토의 토압을 직접적으로 받지 않음을 알 수 있다. 이는 합장식의 와적기단에서 확연히 살필 수 있다.

이 기단 형식은 대소의 와편을 이용하여 기단을 축조한

것으로서 석축기단에 비해 내구성이나 노동력 측면에서 불리한 조건에 속하고 있다. 그럼에도 불구하고 백제 군수리사지 금당지 기단에 채택될 수 있었던 것은 다분히 미적측면을 고려한 결과가 아닌가 생각된다. 이런 점에서 기단은 외장시설로의 기능도 함축하고 있음을 살필 수 있다.

(1) 축조재료에 따른 분류
석축기단 - 석재(할석, 치석〈다듬은 돌〉)
토축기단 - 흙(성토다짐토, 판축토)
와적기단 - 기와(완형기와도 있으나 대부분 편을 사용)
전적기단 - 전(완형 전이 대부분)
혼축기단 - 서로 다른 재료를 혼용

(2) 축조방법에 따른 분류
평적식, 합장식, 가구식, 수직횡렬식, 사적식

▌평적식
평적식은 가장 일반적인 기단 형식으로 석재나 기와, 전

그림 80 _
할석난층기단
〈공산성 내 건물지, 조선〉
(필자사진)

그림 81 _ 할석정층기단 〈마곡사 대웅보전, 조선〉 (필자사진)

등을 이용하여 편평하게 쌓아올리는 형식이다. 삼국시대 이후 조선시대에 이르기까지 통시대적으로 나타나고 있으며 기단 외에 축대, 담장, 벽 등에도 활용되고 있다.

석축기단의 경우 사용된 석재는 치석과 할석(혹은 역석) 등이 있는데 축석(築石)하는 층의 유무에 따라 치석정층기단(治石正層基壇), 치석난층기단(治石亂層基壇), 할석정층기단(割石正層基壇), 할석난층기단(割石亂層基壇), 치석+할석난층기단 등으로 구분할 수 있다.

와적기단의 경우는 파손된 기와편을 주로 사용하고 있다. 와편과 와편 사이는 점토를 발라 상하 접착력을 높여 주고 있다. 와적 아래에는 1매의 석재가 놓여 있는 것과 그렇지 않은 것이 있는 데 후자가 다수를 차

그림 82 _

치석난층기단 〈부여 민칠식 가옥, 조선〉 (필자사진)

지하고 있다.

와적기단 전면으로는 우수를 막기 위한 평기와가 세워지기도 하나 일부에 해당되며, 파손되면 새로 교체되기 때문에 발굴조사 시 기와의 등문양이나 속성 등을 유심히 살펴볼 필요가 있다. 아울러 건물이 붕괴되면서 이들 평기와도 함께 훼손될 가능성이 높기에 와적과 다른 기와가 기단 주변에서 발견된다면 성격을 달리하여 살펴보

그림 83 _ 치석정층기단 〈수덕사 대웅전, 고려〉
(필자사진)

그림 84 _
치석+할석난층기단
〈무위사 극락전, 조선〉
(文化財廳, 2001.12,『國寶篇 文化財大觀(建造物)』, 29쪽)

그림 85 _
일본 회외사 강당지 평적식 와적기단
〈비조〉
(飛鳥資料館, 소화58년,『渡來人の寺 -檜隈寺と坂田寺』)

그림 86 _
부여 백제역사재현단지 내
능사 서회랑 북단 건물지
평적식 와적기단 복원
〈필자사진〉

그림 87 _
부여 백제역사재현단지 내
능사 서회랑 북단 건물지
복원 평적식 와적기단 상면
〈필자사진〉

그림 88 _
평택 용죽지구 내 건물지
평적식 와적기단
〈조사 전, 고려〉
〈한얼문화유산연구원〉

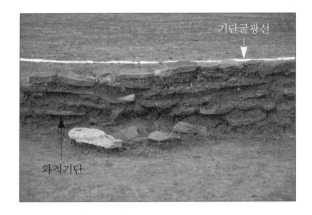

그림 89 _
평택 용죽지구 내 건물지
평적식 와적기단
〈조사 후, 고려〉
(한얼문화유산연구원)

기단굴광선

와적기단

아야 한다.

　평적식 와적기단은 백제시대 뿐만 아니라 통일신라 · 고
려시대 유적에서도 확인되고 있으나 석축기단에 비해 그 수
효가 많지 않다.

　한편, 와적기단은 이중기단에서도 확인되고 있다. 이중기
단은 단면 구조상 상층기단과 하층기단으로 구분되며 와적
기단은 양쪽 모두에 사용된다.

　평적식의 전적기단은 와적기단과 달리 주로 완형의 전을

그림 90 _
금성산 건물지 평적식
와적기단
〈하층기단이 와적기단, 백제〉
(국립부여박물관, 1992, 『扶餘
錦城山百濟瓦積基壇建物址發
掘調查報告書』, 81쪽 도판 24)

상층기단

하층기단

그림 91 _

일본 상정폐사지 탑지 평적식
와적기단
〈상층기단이 와적기단, 백봉〉
(淀江町敎育委員會, 1990, 『上
淀廢寺と彩色壁畵 槪報』, 4쪽
사진 8좌)

그림 92 _

성주사지 강당지 평적식
전적기단
〈백제〉
(保寧市·忠南大學校博物館,
1998, 『聖住寺』, 687쪽 사진 32)

이용하고 있다. 방형 혹은 장방형의 전을 사용하고 있으며
전 아래에 지대석 용도의 석재가 놓이는 경우도 있다.

 ■합장식

　현재까지의 발굴조사 결과 백제와 일본의 와적기단에서
만 살필 수 있다. 중앙에 완형의 암키와 한 매를 세워 놓거나

혹은 바닥에 층위를 맞추기 위해 암키와를 깔아 놓는 경우
도 있다. 양쪽에서 크고 작은 기와편을 이용하여 경사지게
쌓아 올리는 형식으로 마치 고려시대 평기와에 시문된 어골
문을 연상시키며 많은 노동력을 요구하고 있다.

  와적기단 형식 중 평적식이나 수직횡렬식에 비해 희귀한
사례에 속하고 있다. 와적기단 전면으로 우수를 막기 위한
평기와가 세워지기도 한다. 백제시기에 해당되는 부여 군수

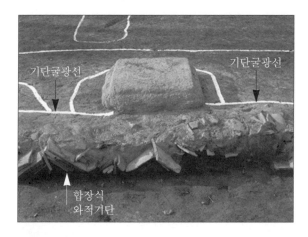

그림 93 _
군수리사지 금당지 합장식
와적기단
〈백제〉
(국립부여문화재연구소, 2010,
『扶餘軍守里寺址 I -木塔址·
金堂址 發掘調査報告書-』,
179쪽 사진 41)

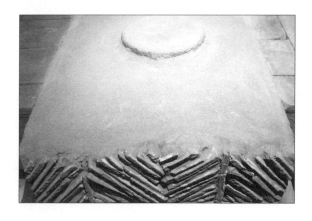

그림 94 _
합장식 와적기단의 복원
(왕궁리유적전시관 내)
(필자사진)

리사지 금당지 및 정림사지 강당지·회랑지 등에서 확인되며 전자가 후자에 비해 정교하게 축조되었다.

기단의 축조방법은 먼저 기단토를 완성한 후 전면을 절개하고 그 개구부에 와적하고 있다. 와적과 기단토 사이는 흙을 이용하여 충전하였다.

■ 가구식

가구식은 지대석, 면석, 갑석을 별석(別石)으로 사용하여 축조하거나 혹은 한 매의 석재를 이용하여 가구식으로 각출하고 있다. 가구식은 거의 대부분 다듬은 석재(治石)를 사용하는 것이 일반적이나 합천 죽죽리사지에서와 같이 면석이

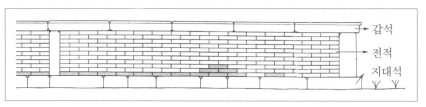

갑석
전적
지대석

그림 95 _ 합천 죽죽리사지 가구식 전적기단 복원도
(경상남도·國立晉州博物館, 1986, 『陜川竹竹里廢寺址』, 31쪽 그림 10 중)

그림 96 _
오산 지곶동사지 불단 지대석
〈가구식기단으로 추정되나
면석 및 갑석이 유실된 상태,
고려〉
(필자사진)

놓이는 부분에 전을 쌓는 경우도 살필 수 있다. 아울러 원주 거돈사지 금당지에서와 같이 다듬지 않는 할석을 이용하여 보수한 사례도 찾아볼 수 있다.

발굴조사를 진행하는 경우 가구식기단의 면석이나 갑석은 흔히 멸실된 상태에서 확인되는 것이 대부분이다. 이럴 경우 지대석 상면에 면석을 올리기 위한 턱이 마련되어 있는지 관찰하는 것이 필요하다. 아울러 면석이나 갑석의 존재로 추정되는 판석의 존재도 주변에서 살펴보아야 한다.

그림 97 _
오산 지곶동사지 불단 지대석
상면의 턱
〈고려〉
(필자사진)

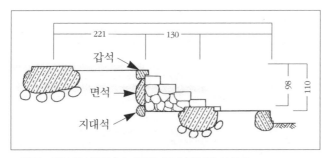

그림 98 _ 황룡사지 중금당지 가구식기단 추정 복원도〈신라〉
(문화재관리국 문화재연구소, 1984, 『황룡사』, 54쪽 삽도 6)

그림 99 _ 감은사지 금당지 가구식기단
〈통일신라〉 (필자사진)

그러나 황룡사지나 감은사지 등의 가구식기단에서와 같이 지대석 상면에 턱이 각출되지 않은 사례도 살필 수 있다. 이러한 경우에는 남아 있는 기단토의 높이나 지대석 상단 외연의 모접이를 고려하여 기단의 형식을 검토해 보아야 한다.

기단토와 가구식기단이 함께 남아 있는 경우는 가구식기단 후면의 기단토를 절개하여 축조기법을 살펴보아야 한다. 이럴 경우 대부분의 가구식기단은 기단토의 전면을 절개하고 그 개구부에 기단을 조성하는 것이 일반적이다.

기단과 기단토 사이는 안성 봉업사지 금당지에서와 같이 소형 할석이나 기와, 자기, 토기 등의 유물이 혼입될 수 있다. 이들 유물은 기단을 포함한 건물지 보다 시기적으로 선

그림 100 _
영동 영국사 구지 추정
금당지 남면기단
〈고려〉
(忠淸大學博物館 · 永同郡,
2008,『永同 寧國寺』, p.iii 원색
사진 6)

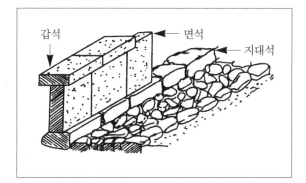

그림 101 _
비조사 중금당 · 목탑의
가구식기단 복원도
〈비조〉
(每日新聞社, 1974, 『佛敎藝術』
96호, 63쪽)

그림 102 _ 봉업사지 금당지 가구식기단 및 후면
보강석 〈고려〉 (京畿道博物館 · 安城市,
2002, 『奉業寺』, 539쪽 사진 22 중)

그림 103 _ 성주사지 금당지 지대석(우석)
〈통일신라〉 (忠南大學校博物館,
1998, 『聖住寺』, 702쪽 사진 65)

행하는 것이기 때문에 건물지의 편년 검
토 시 반드시 고려하여야 한다.

한편, 지대석은 대지조성토 위에 시설하는 것이 일반적이
지만 황룡사지에서와 같이 대지에 '┃┃'모양의 요구(凹溝)
를 파고 그 내부에 시설하는 경우도 살필 수 있다.

가구식기단은 오랜 시일이 지나면서 면석과 갑석은 교란

되거나 멸실되어 지대석만 남아 있는 경우를 쉽게 살필 수 있다. 그런데 지대석 중에는 기단 모퉁이에 해당되는 우석(隅石) 상면에 우주(隅柱)를 올리기 위한 홈이 파여 있는 경우가 있다. 이러한 가구식기단은 지금까지의 발굴사례를 통해 볼 때 백제시대의 부여 금강사지에서 그 초출자료가 확인되고 있다. 이후 익산 미륵사지를 비롯한 통일신라기의 여러 건축유적에서 조사되고 있다.

그림 104 _
익산 미륵사지 지대석
〈우석, 백제〉
(필자사진)

그림 105 _
미륵사지 강당지 지대석〈우석〉과 우주
(필자사진)

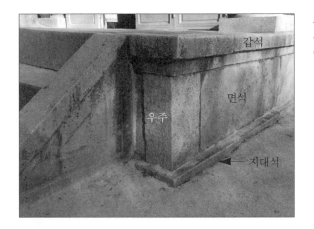

그림 106 _
석굴암 전각 우주
(필자사진)

갑석

면석

우주

지대석

■ 수직횡렬식

수직횡렬식은 석재나 기와, 전 등을 수직으로 세워 기단
을 조성하는 방식이다. 기와나 전을 사용하여 기단을 조성
하는 경우 대체로 완형을 사용하고 있다. 다른 형식의 기단
이 기단토를 'L' 자형으로 굴토하고 기단을 조성하는 반면,
수직횡렬식은 기단토를 'U' 자 모양으로 굴토하고 그 내부
에 기단을 축조하고 있다.

그림 107 _
평택 백봉리 건물지 2호 와적
기단
〈고려〉
(필자사진)

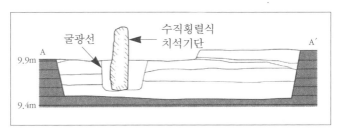

그림 108 _ 왕흥사지 수직횡렬식 치석기단 축조기법 (국립부여문화재연구소, 2009, 『王興寺址Ⅲ 木塔址 金堂址 發掘調査 報告書』, 49쪽 도면 9 중)

그림 109 _
수직횡렬식 외적기단 복원
〈왕궁리유적 전시관 내〉
(필자사진)

그림 110 _
성주사지 강당지 수직횡렬식
석축기단 복원
(필자사진)

수직횡렬식 와적기단은 백제시대 뿐만 아니라 고려시대 건물지에서도 확인된다. 그러나 백제시대의 경우가 주로 완형의 기와를 사용한 반면 고려시대 건물지에서는 편으로 사용하고 있다. 아울러 전자에서는 건물 본체의 기단으로 사용된 반면, 후자에서는 부엌의 기단으로 사용되어 건물 성격의 차이를 보이고 있다.

▌사적식

그 동안 신라의 고토에서만 확인된 것으로 백제 합장식 와적기단의 아류 향식으로 이해된다. 와적 아래에는 1매의 석재가 놓여 있어 지대석 성격으로 이해된다. 기단의 기능적 측면에서 볼 때 지토시설 보다는 외장시설로의 성격이 강하였음을 볼 수 있다. 경주 천관사지 및 전 인용사지 등에서 확인되었다.

이렇게 볼 때 수직횡렬식을 제외한 대부분의 와적기단은 기단토를 우선적으로 조성한 후 기단이 놓일 부분을 'ㄴ'자 모양으로 절개하고 그 전면에 기단을 조성하고 있다. 기단과 기단토 사이는 완충작용을 위한 흙이 충전되어 있음을 살필 수 있다.

하지만 기단토를 어떠한 방법으로 절개(굴광)하였는지, 기단과 절개된 기단토 사이는 어떤 물질로 충전하였는지는 육안으로 파악하기 어렵다. 따라서 발굴조사의 마무리 과정에서는 이러한 축조기법을 파악해 볼 수 있는 세부 조사를 반드시 실시할 필요성이 있다.

(3) 단면구조에 따른 분류

▌단층기단

기단의 단면이 1층인 경우를 말한다. 할석이나 다듬어진 장대석을 이용하여 여러 단으로 축조한 경우에도 단면상 1단으로 나타나면 단층기단으로 분류한다. 아울러 가구식기단의 경우도 1층으로 이루어져 있으면 단층기단으로 구분한다. 삼국시대 이후 최근에 이르기까지 기와집에 조성되는 가장 일반적인 기단형식으로 볼 수 있다.

그림 111 _
미륵사지 강당지 단층기단
〈백제〉
(필자사진)

그림 112 _
장곡사 상대웅전 단층기단
〈조선〉
(필자사진)

■ 이중기단

　기단의 단면이 이층인 경우를 말한다. 발굴조사 전에는 단이 있는 나지막한 둔덕으로 살펴진다. 이중기단 조사시에는 우선적으로 하층기단 상면에 퇴칸 혹은 차양칸 조성을 위한 초석이나 적심시설이 존재하는지 확인 작업이 필요하다. 하층기단의 경우 완성된 대지조성토를 'U'나 '⊔' 모양으로 되파기하고 그 사이에 기단을 조성하는 경우도 있으므로 석재의 성질이나 크기를 파악하는 의미에서 절개작업이 요구된다.

　이중기단 건물지는 그 동안의 삼국시대 발굴사례를 볼 경우 사원의 금당지나 탑지 등에서 주로 확인되었다. 이로 볼 때 이중기단이 시설된 건물지는 장엄성과 위엄성이 내포된 유적임을 추정해 볼 수 있다.

　하층기단은 그 상면에 퇴칸 혹은 차양칸의 시설을 위한 초석이 놓인 경우와 그렇지 않은 경우로 구별된다. 그리고 후대의 인위적인 행위로 인해 기단석이 모두 멸실된 경우도 살필 수 있다(부여 부소산사지 금당지). 이러한 경우 토층조사를 통해 계단 모양의 단이 형성되어 있는지 확인해 보아야 한다. 왜냐하면 후대의 경작 등 인위적인 행위로 인해 상층·하층의 기단석이 모두 유실되었을 경우에는 이중기단이 계단처럼 보일 수 있기 때문이다. 그러나 이때에도 기단석을 시설하기 위한 요구(凹溝)나 소형 할석으로 이루어진 보강석 등이 남아 있을 수 있다. 이는 기단의 범위를 살필 수 있는 것이므로 세밀한 주의가 요구된다.

　이중기단의 재료는 기와나 전, 석재(할석, 치석) 등 다양하며 상층기단은 가구식기단으로 조성되는 경우도 있다.

• 능산리사지 목탑지 이중기단

금당지와 더불어 이중기단으로 조성되었다. 하층기단은
다듬어진 장대석으로 이루어졌고 상층기단은 지대석, 면석,
갑석으로 결구된 가구식기단으로 조성되었다. 지대석의 상
면에는 면석을 올리기 위한 턱이 마련되어 있다. 면석과 지
대석은 모두 유실되었다. 하층기단 상면에서의 초석이나 적
심석 등은 확인되지 않았다.

한편, 능산리사지는 최근 복원작업이 완료되어 많은 관람
객들이 방문하고 있다. 그런데 목탑 및 금당(대웅전)을 보면
하층기단 상면에 넓은 판석을 올려놓거나 상층기단의 우석
(모퉁이돌) 상면에 우주를 올려놓고 있다. 이는 본래의 능
산리사지 발굴조사에서는 확인되지 않은 부분들이다. 이러

그림 113 _
능산리사지 목탑지 이중기단
〈백제〉
(國立扶餘博物館, 2000,
『陵寺』, 11쪽 도면 8 중)

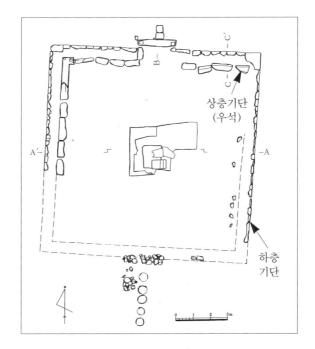

상층기단
(우석)

하층
기단

한 유구 조성은 7세기 전반의 익산의 미륵사지에서 살필 수 있어 6세기 중엽의 유적에 시설하는 것이 적합한지 의문스럽다.

발굴에 참여하는 연구원들은 자기가 조사한 유적이 필요에 따라 얼마든지 복원자료로 활용될 수 있기 때문에 그 만큼 사명감을 가지고 조사에 임하여야 한다. 아울러 복원하는 입장에서는 발굴자료를 충분히 활용하되 그 내용이 불확실할 경우에는 이를 이해할만한 자료도 함께 제시하는 것이 필요하다.

그림 114 _ 부여 백제역사재현단지 내 능사 5층목탑 복원 (필자사진)

상층기단

하층기단

그림 115 _
부여 백제역사재현단지 내 능사 5층목탑 이중기단 복원 (필자사진)

그림 116 _

부여 백제역사재현단지 내
능사 5층목탑 상층기단 우석

(필자사진)

그림 117 _

부여 백제역사재현단지 내
능사 금당(대웅전) 상층기단
우석

(필자사진)

• 금성산 와적기단 건물지 이중기단

하층기단은 평적식 와적기단, 상층기단은 할석기단으로 추정된다. 하층기단 상면에는 퇴칸 혹은 차양칸 조성을 위한 초석이 배치되어 있다. 상층기단은 대부분 유실되어 있다.

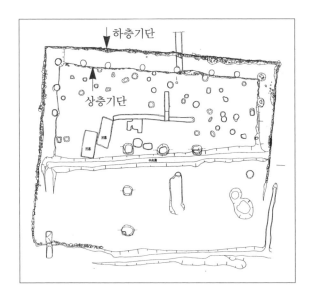

그림 118 _
금성산 건물지 이중기단
〈백제〉
(국립부여박물관, 1992, 『扶餘
錦城山百濟瓦積基壇建物址發
掘調査報告書』, 도면 2)

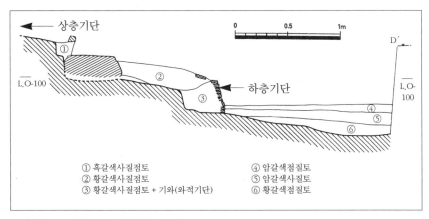

① 흑갈색사질점토
② 황갈색사질점토
③ 황갈색사질점토 + 기와(와적기단)
④ 암갈색점질토
⑤ 암갈색사질토
⑥ 황갈색점질토

그림 119 _ 금성산 건물지 이중기단 〈백제〉

(국립부여박물관, 1992, 『扶餘錦城山百濟瓦積基壇建物址發掘調査報告書』, 69쪽 도면 8)

• 미륵사지 중·동·서원 금당지 가구식 이중기단

기단의 재료는 모두 다듬은 치석(治石)을 사용하였다. 하

층기단은 면석(아래의 작은 판석)과 갑석(면석 위의 큰 판

석)으로 결구되었고 상층기단은 지대석, 면석, 갑석으로 이루어졌다. 지대석 상면에는 면석을 받치기 위한 턱이 마련되어 있다.

그림 120 _
중원금당지 가구식 이중기단
〈백제〉
(필자사진)

• 미륵사지 복원 동탑지
  이중기단

미륵사지 중원 금당지에서와 같이 하층기단은 면석과 갑석으로 이루어졌고 상층기단은 지대석, 면석, 갑석으로 조성되었다. 특히 상층기단의 모서리에서는 우주가 확인되는 데 이는 부여 금강사지 금당지(백제) 및 보령 성주사지 금당지(통일신라)에서도 확인되고 있다. 그러나 대부분의 가구식기단에서는 이러한 우주를 살필 수 없다.

그림 121 _ 미륵사지 복원 동탑지
(필자사진)

그림 122 _
미륵사지 복원 동탑지 가구식
이중기단
(필자사진)

상층기단

하층기단

• 황룡사지 중금당지 이중기단

하층기단은 치석된 장대석으로 이루어졌고 상층기단은
지대석, 면석, 갑석으로 이루어진 가구식기단이다. 갑석의
하단에는 모접이가 이루어져 있다. 이는 지대석에도 각출되
어 있으며 지금까지 신라의 가구식기단에서 주로 확인되고
있다. 하층기단 상면에는 퇴칸 혹은 차양칸 조성을 위한 초
석이 배치되어 있다.

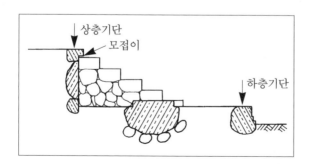

상층기단
모접이
하층기단

그림 123 _
황룡사지 중금당지 이중기단
복원도 〈신라〉
(文化財管理局 文化財研究所,
1984, 『皇龍寺』, 54쪽 삽도 6)

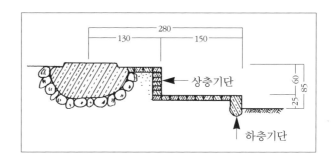

그림 124 _
서금당지 3차 이중기단
복원도
〈통일신라〉
(文化財管理局 文化財研究所,
1984,『皇龍寺』, 76쪽 삽도 27)

• 황룡사지 서금당지 3차 이중기단

하층기단은 다듬어진 장대석을 이용하였고 상층기단은 평적식의 전적기단으로 조성되었다. 전적기단은 삼국시대 이후 고려시대에 이르기까지 기단의 재료로 사용되었다.

기단토 내부의 초석 주좌부(柱座部)는 상층기단 상면에 비해 레벨이 약간 높다. 따라서 건물지 조사 시 초석이 유실된 상태에서 조사된다면 기단석의 일부 또한 이미 유실되었음을 인지하여야 한다.

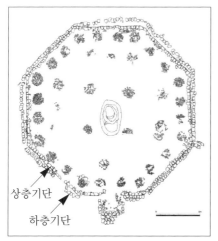

그림 125 _ 신라 나정 〈신라〉 (中央文化財研究院,
2008,『慶州 蘿井』, 63쪽 도면 26 중)

• 경주 나정 이중기단

상·하층기단 모두 할석으로 조성되었다. 하층기단에서 석축기법의 차이점이 발견되는 것으로 보아 두 명 이상의 장인이 참여하였음을 알 수 있다. 하층기단과 상층기단이 서로 붙어 있으며 하층기단 상면에서의 초석이나 적심석의 흔적은 확인되지 않았다.

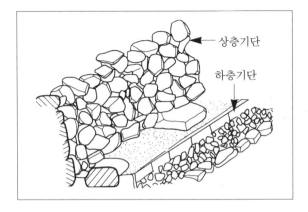

그림 126 _
비조사 동·서금당지
이중기단 복원도
〈비조〉
(フランソウ・ベルチエ, 昭和
49年,「飛鳥寺問題の再吟味
-その本尊を中心として」
『佛教藝術』96號, 每日新聞社,
63쪽 2〈上〉)

• 일본 비조사 동·서 금당지 이중기단

　하층은 다듬어진 장대석기단, 상층은 할석기단으로 조성
되었다. 하층기단 상면에는 퇴칸 혹은 차양칸 조성을 위한
초석이 올려 있다. 일본 최초의 이중기단으로 백제의 영향
을 받아 축조되었다.

• 일본 대봉사 금당지 이중기단

　하층기단은 다듬어진 장대석으로 시설되었고 상층은 평
적식의 와적기단으로 조성되었다.

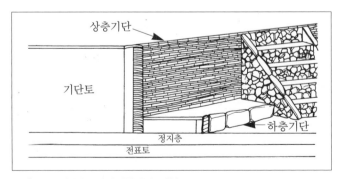

그림 127 _ 대봉사 금당지 이중기단 〈백봉〉

(田辺征夫, 1995,「瓦積基壇と渡來系氏族」『季刊考古學』60호, 雄山閣)

(4) 기단 축석(築石) 방향에 따른 분류

■편축기단

보통의 건물지에서 확인되는 것처럼 기단석의 넓은 면을 한쪽 방향으로만 맞춰 시설하는 경우를 말한다. 기단석 아래로는 이의 침하를 방지하기 위해 소형의 할석을 깔아 놓는 경우도 있다.

기단은 기단토를 완성한 후 이의 전면을 절개하고 그 앞에 축조하기 때문에 기단과 기단토 사이에 할석과 다짐토, 혹은 기와, 토기, 자기 등의 유물이 포함되어 있다. 이들 유물은 해당 건물지에 비해 선행하는 것이기 때문에 건물지의 편년 설정시 고려하여야 한다.

기단석에 대한 평면 작업이 완료되면 도면 작성 후 이의 절개작업을 실시한다. 이 때 작업의 효율성을 위해 기단토와 함께 절개하는 방법도 권장할만 하다.

■협축기단

담장처럼 석렬을 서로 마주보게 쌓거나 기단석렬이 두 줄

그림 128 _
오산 지곶동사지 추정 금당지
편축기단
〈고려〉
(필자사진)

편축기단

혹은 그 이상으로 축석(築石)된 경우를 말한다. 석렬 상면에 초석이 놓여 있지 않다는 점에서 그리고 기단의 후면에 기단토가 형성되어 있지 않다는 측면에서 벽체 하부시설과 차이를 보인다.

편평한 대지에 협축기단을 조성하는 경우에는 먼저 기단토를 완성한 후 'ᴗ' 모양의 구(溝)를 파고 그 내부에 기단을 조성하게 된다. 그러나 경사진 아랫면에 협축기단을 조성할

그림 129 _
부여 쌍북리 백제 건물지
협축기단 및 후면 판축
기단토
〈백제〉
(필자사진)

그림 130 _
부여 쌍북리 백제 건물지
협축기단 세부
〈백제〉
(필자사진)

경우에는 편축기단과 마찬가지로 먼저 기단토를 완성한 후 그 전면을 절개하고 바닥에서부터 기단을 조성하게 된다.

협축기단의 석렬 사이에는 할석과 흙이 혼축되어 있거나 기와 및 토기 등의 유물이 혼입된 경우을 살필 수 있다. 이들 유물은 기단이 시설된 건물의 상한 시기를 결정짓는 것이어서 수습할 시 잘 기록해 둔다.

그림 131 _
여주 영릉 재실유적 상-1
건물지 협축기단
〈조선〉
(기호문화재연구원, 2009,
『驪州 英陵 齋室遺蹟』)

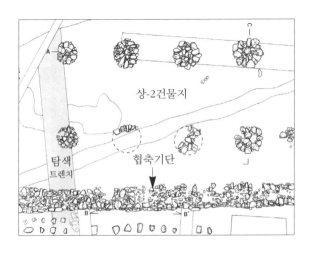

그림 132 _
여주 영릉 재실유적 상-1
건물지 협축기단 세부
〈조선〉
(기호문화재연구원, 2009,
『驪州 英陵 齋室遺蹟』)

그림 133 _

여주 영릉 재실유적 상-1
건물지 협축기단 내부
〈조선〉

(기호문화재연구원, 2009,
『驪州 英陵 齋室遺蹟』)

그림 134 _

여주 영릉 재실유적 상-1
건물지 협축기단 외부
〈조선〉

(기호문화재연구원, 2009,
『驪州 英陵 齋室遺蹟』)

5. 초석 및 적심시설

　기단토 내부에서 확인할 수 있다. 초석의 경우 다듬은 돌
이나 자연 할석 등을 그대로 사용하고 있어 유구의 확인이
용이하다.

1) 초석

초석은 지붕 및 기둥의 하중을 직접적으로 받는 목조건축물의 기초부로 이 아래에는 적심시설(적심석, 적심토, 적심사 등)이 위치하게 된다. 초석은 할석이나 치석(治石)된 것을 사용하는데 후자의 경우는 측면에 다듬은 면과 그렇지 않은 면으로 구분되고 있다. 이의 경계면은 대개 기단토 상면과 일치하고 있어 발굴조사 과정에서 구지표면을 판단하는데 큰 도움을 줄 수 있다. 아울러 초석 상면을 잘 관찰하여 기둥의 단면이 원형인지 방형인지도 파악해 본다.

초석은 한 매의 석재를 사용하는 것이 일반적이지만 공주 공산성 내 임류각지에서와 같이 2~3매의 할석을 이용하는 것도 살필 수 있다. 또한 초석의 좌우에 하인방을 올릴 수 있는 고맥이나 미륵사지 및 제석사지에서와 같은 장주형의 초석도 관찰된다. 특히 후자의 경우는 기단부의 높이가 높고 그 내부는 석벽(石壁) 상태에 공동(空洞)으로 되어 있는 경우도 있어 여느 기와건물지의 기단부와 큰 차이를 보인다.

그림 135 _
국립공주박물관 소장 초석
(돌출된 거친 면은 기단토에 묻히게 됨, 필자사진)

그림 136 _
오산 지곶동사지 추정 금당지
초석과 기단토 상면
〈고려〉
(필자사진)

그림 137 _
신륵사 구룡루 초석과 기단토
(필자사진)

따라서 장주형의 초석이 발굴조사 중에 노출된다면 초석의
하부까지 조사를 진행하여 기단 내부시설까지 함께 파악해
보는 것이 좋다.

2) 적심시설

적심시설은 적심공(積心孔)과 이의 내부를 채우는 재료

(흙, 석재, 혼축 등)로 구분된다. 적심공은 평면 형태에 따라 원형, 방형(장방형), 장타원형, 부정형 등으로 구분되며 이는 기단토 상면 제토 과정에서 확인할 수 있다.

적심시설은 적심공 내부의 재료에 따라 적심석, 적심토, 적심사 등으로 구분되며 토석이 혼축된 사례도 쉽게 살필 수 있다. 아울러 적심공 내부에 기와 및 토기편 등이 혼입되는 사례도 있는데 이럴 경우 이들 유물은 편년상 해당 건물지보다 선행되는 것이기 때문에 출토 위치를 명기한 후 유물을 수습하여야 한다.

건물지에 대한 발굴조사를 진행하던 중 초석과 적심시설이 확인되면 여기(평면상)에서 조사를 그치지 말고 다음과 같은 방법으로 여러 조사를 진행해 본다.

적심공은 단면이 대개 절구 혹은 팽이모양으로 생겼기 때문에 굴광선을 남겨두고 기단토 하강 작업을 실시한다. 이 경우 기단토의 전체적인 토층양상을 파악하기 위한 기단석 내부에서의 십자 토층둑은 남겨두어야 한다. 그런데 이러한 작업은 적심시설의 전체적인 양상을 이해하는 데 큰 도움이 될 수 있을지언정 작업시간과 노동력이 너무 소모된다는 단점이 있다.

적심시설은 놓이는 위치에 따라 이의 높이 또한 차이가 있다. 즉, 생토면에 적심시설이 시설된 경우에는 이의 높이가 높지 않으나 성토된 기단토에 적심시설을 조성하는 경우에는 전자에 비해 상대적으로 높다. 특히 경사 아랫면에 적심석을 조성하는 경우에는 이러한 현상이 더욱 뚜렷이 나타난다. 여기에 건물의 규모가 클수록 적심시설의 높이도 상대적으로 높다. 이러한 적심시설의 단면 상태를 파악하기

위해선 조사 말미에 적심시설과 기단토를 연계하여 경사방
향으로 혹은 건물의 단축방향으로 구덩이 조사를 실시하는
것이 좋다.

아울러 위의 조사와 연계하여 절개된 적심시설 내부의 축
조기법과 혼축된 물질, 그리고 적심공 등을 확인해 본다. 중
복된 적심석에서는 이러한 절개작업을 반드시 실시하여 축
조기법의 차이를 살펴보도록 한다.

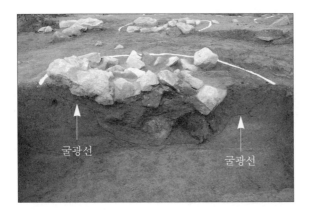

그림 138 _
적심석 절개 모습
〈고려〉
(한얼문화유산연구원)

그림 139 _
여주 영릉 재실유적 건물지
기단토 내 적심석
〈조선〉
(기호문화재연구원, 2009,
『驪州 英陵 齋室遺蹟』)

아울러 기단석이 유실된 채 동일 레벨상에서 적심시설이 혼재되어 나타날 경우에는 우선 동일 건물지의 적심석으로 추정되는 것끼리 분류해 놓고 서로 상이한 건물지의 적심시설을 기단토와 더불어 절개한다. 이를 통해 두 개의 적심석이 기단토 내에서 어떻게 축조되었는지 그리고 토층변화에 따른 적심시설 및 건물지의 선후시기도 함께 파악해 본다.

여기에서는 삼국시대 이후 조선시대에 이르는 적심시설의 여러 사례를 살펴보고자 한다. 그러나 적심석의 경우만 하더라고 그 종류가 매우 다양하여 세부적인 분류가 쉽지 않다. 따라서 발굴조사 중에 나타날 수 있는 대표적인 사례만을 선별하여 알아보도록 하겠다.

(1) 적심석

적심석은 할석이나 자갈을 주로 사용하나 경복궁에서와 같이 치석된 장대석을 이용하는 경우도 있다. 저습지와 같은 연약지반에 건물을 조성할 때에는 적심석 아래에 말뚝지정을 실시하여 보강하는 사례도 있으므로 조사 완료시 이의 절개작업이 필요하다. 아울러 적심공의 단면이 1단인지, 2단인지도 확인 작업을 통해 파악해 본다.

한편, 익산 미륵사지에서와 같이 적심석과 초석 사이에 초반(석재)이 위치하는 경우도 있으므로 초반석과 적심석의 성격을 혼동치 않도록 한다. 초반석은 상면이 편평하여 초석을 올릴 수 있도록 하였고 초석은 할석 및 치석 혹은 치석된 장주형 등을 사용하고 있다.

▌초반석이 시설된 초석

그림 140 _

미륵사지 서금당지 초석과 초반석
〈백제〉
(필자사진)

그림 141 _

전주 동고산성 내 제 7건물지 초석과 초반석
〈통일신라 말~고려 초〉
(전북문화재연구원 · 전주시,
2006, 『全州 東固山城』, 113쪽
사진 30)

▌적심 아래 말뚝지정

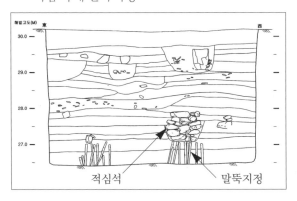

그림 142 _

청진 6지구
〈조선〉
(명지대학교 부설 한국건축문
화연구소, 2007, 『서울 청진6지
구 유적』 I , 216쪽 도면 100)

(2) 적심토(사)

적심토로 사용되는 토질은 점토나 마사토로서 적심공(積心孔) 내부에 이들을 층서적으로 축토(築土)하거나 일시에 성토하고 있다. 따라서 조사의 말미에서는 이들의 토질이나 축토공법을 확인키 위한 적심공의 절개작업이 필요하다.

적심토 외곽으로는 기단토와 기단이 시설되기 때문에 탐색 구덩이 작업을 통해 조성순서 및 축조기법 등을 파악해 보아야 한다. 적심토는 축토 상태에 따라 판축토, 혹은 성토 다짐토로 구분할 수 있다. 적심사는 점토나 마사토 대신 모래를 사용한 것이다.

적심토는 백제 사비기 부여 및 익산지역의 기와건물에 많이 이용되었고 적심사는 공주 공산성 내 건물지에서 일부 살필 수 있다. 특히 후자는 '입사기초(입사지정)' 라 하여 조선시대 유적에서도 그 형적을 살필 수 있다.

적심토는 대형 기와 건물에서도 사용되고 있어 적심석에 비해 그 기능이 결코 뒤떨어지지 않음을 볼 수 있다. 아울러 이는 중국 북위의 영령사 유적에서도 확인되고 있는 것으로 보아 그 계통이 중국에 있었음을 알게 한다.

▌성토다짐 적심토

그림 143 _
부여 동남리유적 내 성토다짐
적심토
〈백제〉
(충청남도역사문화연구원 ·
부여군, 2008, 『사비로-백강로
연결도로부지내 扶餘 東南里遺
蹟』, 199쪽 도면 5 중)

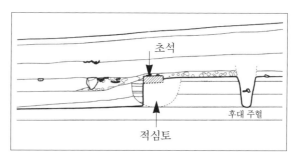

초석

후대 주혈

적심토

그림 144 _

부여 동남리유적 내 성토다짐
적심토
〈백제〉

(충청남도역사문화연구원 · 부
여군, 2008, 『사비로-백강로 연
결도로부지내 扶餘 東南里遺
蹟』, 251쪽 도판 11-③)

그림 145 _

능산리사지 중문지 성토다짐
적심토〈백제〉

(國立扶餘博物館, 2000,
『陵寺』, 219쪽 도판 9-②)

■ 판축적심토

그림 146 _

능산리사지 금당지
판축적심토
〈백제〉

(國立扶餘博物館, 2000,
『陵寺』, 222쪽 도판 12-②)

▌적심사

적심사는 적심의 주재료로 모래를 사용한 것으로서 공산성 내 통일신라시대 28칸 대형 건물지에서 확인되었다. 백제시대 이후 조선시대까지 사용되었으나 그 사례는 많지 않다.

적심토(사)의 조사는 1차적으로 기단토의 상면에 해당되는 초석의 중하단부까지 제토하는 것이 바람직하다. 특히 석재의 표면이 다듬어진 초석의 경우 기단토면 아래는 일반적으로 치석하지 않고 거친 면을 그대로 사용하고 있기 때문에 기단토 상면의 확인이 어렵지 않다. 아울러 기단토면을 정리하는 과정에서 적심공의 유무를 파악하여 적심시설이 기단토 완성 후에 조성된 것인지 아니면 기단토와 동시에 조성된 것인지를 확인하여야 한다. 만약 초석이 멸실되었을 경우에는 이미 기단토의 상면이 유실되었을 경우가 많고 아울러 기단석의 멸실도 예상할 수 있기 때문에 기단석의 높이 측정시 유의하여야 한다.

그림 147 _
청진6지구 건물지 적심사
〈조선〉
(명지대학교 부설 한국건축문화연구소, 2007, 『서울 淸進6地區 遺蹟』 I, 231쪽 사진 120)

(3) 적심석(상)+적심토(하)

적심시설로서 적심공 하면에 적심토를 깔고 그 위에 적심석을 올려놓는 방법이다. 서로 혼축하지 않고 그 층위가 상하 분명하다는 점에서 토석혼축의 적심석과 구별된다. 구 동대문운동장 부지 조선시대 건물지에서 확인된다.

그림 148 _
동대문운동장 부지내 건물지
적심시설
〈조선〉
(필자사진)

(4) 소결 적심토

적심공을 파고 그 내부에 점토를 충전한 다음 불다짐을

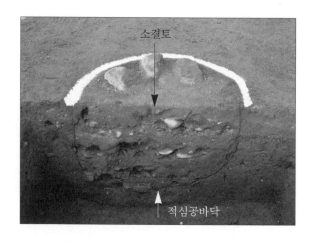

소결토

적심공바닥

그림 149 _
여주 고산서원지 적심석
〈조선〉
(한얼문화유산연구원)

한 것이다. 소결된 부분이 적심에 해당된다. 원주 반곡동유적 내 건물지 및 여주 고산서원지 등 주로 조선시대 건물지에서 확인되고 있다. 소결 적심토는 적심토 상면에서 소결흔이 확인되기 때문에 이의 두께 정도를 파악해 보기 위한 적심의 절개작업이 필요하다.

6. 목탑지 심초부

심초석은 목탑 조성 시 찰주(심주)를 받치는 중심 초석이고 공양석은 공양구 및 사리감 등을 안치하는 대석을 의미한다. 따라서 심초석과 공양석은 군수리사지나 능산리사지, 제석사지, 황룡사지 등과 같이 한 매의 석재로 이루어진 경우도 있지만 왕흥사지 처럼 상하로 위치를 달리하는 사례도 살필 수 있다. 이러한 경우 찰주(심주)를 받치는 초석은

그림 150 _
부여 능산리사지 심초석 및
사리감, 찰주(심주)
〈백제〉
(國立扶餘博物館, 2000,
『陵寺』, 243쪽 도판 33-③)

심초석, 사리감이나 공양구를 받치는 대석은 공양석으로 부르는 것이 타당하다.

백제의 제석사지나 신라의 황룡사지와 같이 심초석(혹은 공양석)이 기단토 상면에 놓인 경우는 조사상에 큰 어려움이 없다. 그러나 심초석이 기단토 아래 즉, 지하에 매설되는 경우는 탑지 기단토의 평면 작업을 통해 심초부의 형적을 파악하여야 한다. 그리고

그림 151 _ 부여 백제역사재현단지 내 5층목탑 내 복원 찰주 (필자사진)

그림 152 _ 익산 제석사지 목탑지 심초석 〈백제〉 (필자사진)

그림 153 _ 황룡사지 목탑지 심초석 〈신라〉 (필자사진)

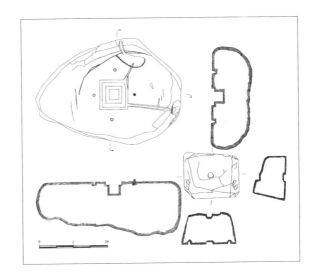

그림 154 _
황룡사지 목탑지 심초석
〈신라〉
(文化財管理局 文化財研究所,
1984, 『皇龍寺』)

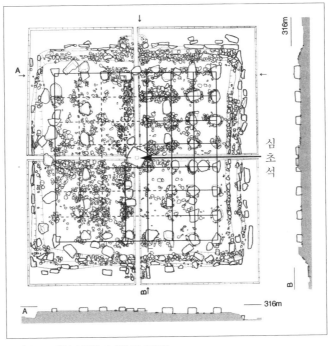

그림 155 _ 실상사 목탑지 심초석 〈고려〉
(국립부여문화재연구소, 2006, 『實相寺』Ⅱ, 66쪽 도면 12)

그림 156 _ 안동 임하사 전탑지 심초석(혹은 공양석) 〈조사 전, 통일신라 말~고려〉
(安東大學博物館, 1988,『臨河寺 塼塔址』, 79쪽 도면 5)

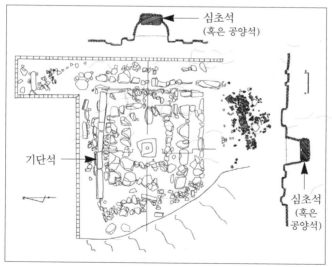

그림 157 _ 안동 임하사 전탑지 심초석(혹은 공양석) 〈조사 후, 통일신라 말~고려〉
(安東大學博物館, 1988,『臨河寺 塼塔址』, 81쪽 도면 5)

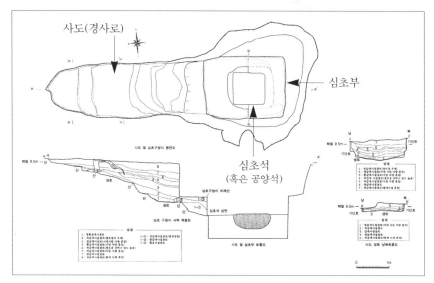

그림 158 _ 군수리사지 목탑지 사도 및 심초부 〈백제〉
(국립부여문화재연구소, 2010, 『扶餘軍守里寺址Ⅰ-木塔址·金堂址 發掘調査報告書』, 76쪽 도면 33)

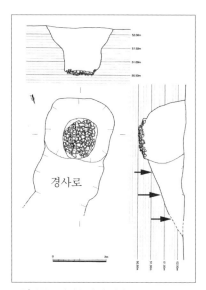

그림 159 _ 나정유적 내 경사로
(中央文化財研究院, 2008, 『慶州 蘿
井』, 44쪽 도면 14)

심초석(혹은 공양석)을 심초부 내부
로 이동하기 위하여 사도(경사로)를
경사지게 굴광하는 경우도 흔히 확인
되므로 목탑 조사시에는 기단토 상면
의 토층 변화에 유의하여야 한다. 사
도(경사로)가 확인된 유적으로는 백
제 군수리사지 및 왕흥사지 등을 들
수 있다. 아울러 사지에는 포함되지
않지만 경주 나정유적에서도 수혈유
구 내부에서 사도가 조사된 바 있다.
　심초석(혹은 공양석) 주변에서는
공양구 등이 산재해 있으므로 이의 물
체질이 요구된다. 그리고 심초석을 안

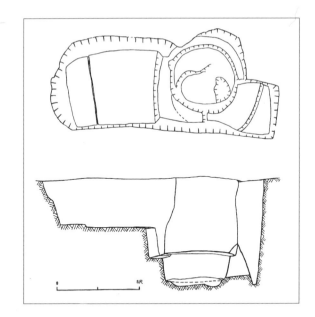

그림 160 _
금강사지 목탑지 심초부
(國立博物館, 1969, 『金剛寺』,
14쪽 Fig.4)

치하기 위한 심초공의 굴광상태나 작업공정을 살피기 위한
세부작업이 필요하다.

한편, 부여 금강사지처럼 심초석이 시설되지 않은 목탑지
도 확인할 수 있다. 그러나 이러한 경우에도 목탑을 세우기
위한 찰주(심주)의 조성은 피할 수 없다. 따라서 심초부 내
에서의 찰주와 관련된 토층 확인이 무엇보다도 필요하다.
이는 목재가 부식되어 나타나는 토층과 심초부 내부를 충전
하였던 토양과의 차이로 구별하여야 할 것이다.

작업은 심초부의 넓이에 따라 4분법이나 2분법으로 실시
한다. 아울러 심초부에는 심초석, 찰주(심주), 사리감, 불상,
옥 등 대소의 유물이 다량 포함되어 있기 때문에 모든 토양
은 반드시 물체질 하여 유물의 존재유무를 확인하여야 한
다. 아울러 바닥면에서의 작업 도구도 정밀작업을 할 수 있

는 소형의 꽃삽이나 대칼 등이 유용하다.

심초부에 대한 조사는 1차적으로 심초석 상면까지 진행하고 그 이후 심초부 바닥까지 2차 조사를 실시한다. 이는 심초석 아래로 다짐토나 숯, 모래, 혹은 할석 등을 깔아 놓은 경우가 적지 않아 확인해 볼 필요가 있다.

심초부 내부의 충전토는 토층조사를 실시하여 심주의 보호시설이 존재하였는지 그 여부를 파악해 보아야 한다. 즉, 심초공에 매립된 심주의 경우 흙에 썩기 쉬어 보수 기간이 짧아지게 된다. 이를 예방하기 위해 조탑공(造塔工)들은 심주 주변으로 점토를 바르거나 심초공 내부에 목곽시설을 하여 심주의 부패를 최대한 예방하고 있다. 따라서 심초석이 지하에 매납된 경우에는 사도의 존재 외에 심주의 보호시설을 확인할 수 있는 토층조사가 반드시 요구된다. 아울러 목재가 발견될 시에는 이의 분석작업도 실시한다.

7. 온돌시설

기와건물지 중 사지의 경우 온돌시설은 요사에서 흔히 확인된다. 요사를 제외한 대부분의 전각은 바닥이 우물마루이기 때문에 온돌시설은 살피기가 어렵다. 이러한 구조물은 기와집이 폐기되면서 기와가 그대로 올려 있어 와적층 단계부터 피트 조사를 실시하여 와적층과 생활면의 경계를 토층상에서 찾아보아야 한다.

건물지에서의 온돌시설 확인은 조사 초기의 경우 고래 덮개돌이나 고래둑 등의 석재가 지표면상에 부분적으로 노출되는 것이 일반적이다. 특히 고래 덮개돌의 경우는 조사 전

그림 161 _
평택 백봉리 건물지 1호
고래둑 초기 모습
〈고려〉
(필자사진)

에 이미 유실되는 사례가 많으므로 고래둑의 형상에 유의하
며 유구를 인식할 필요가 있다. 고래둑의 모습이 정연하게
나타나지 않으면 고래의 방향과 직교하여 탐색 피트를 설치
한다. 이 때 고래둑의 경우 석재로만 축조하는 것이 있는 반
면, 기와나 할석을 점토와 함께 혼축하여 조성하는 경우도
살필 수 있다. 후자인 경우 층위 변화에 주의를 기울이지 않
으면 고래둑을 절개할 수 있어 준조사원급 이상이 조사를
진행하는 것이 바람직하다.

　특히 건물지를 평지가 아닌 산 경사면에 축조할 경우 경
사 상단은 필연적으로 대지를 절토·정지하게 된다. 이러한
곳에서의 고래 바닥은 생토면에 조성되고 아궁이에서 멀어
질수록 재층의 두께는 점차로 얇아지게 된다. 따라서 재층
을 통한 고래 바닥면의 확인은 무의미하다고 볼 수 있다. 아
울러 마사토가 생토면인 경우 습기를 머금으면 부드러워지
는 성향이 있어 반복적인 정리작업은 오히려 고래 바닥면을
낮게 하고 고래둑을 띄우게 하는 해프닝을 낳게 할 수도 있
으므로 주의한다.

그림 162 _
온돌시설 구조
(張慶浩, 1996, 『韓國의 傳統建築』, 526쪽 도면 298)

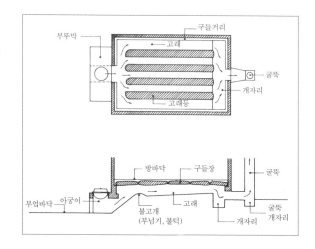

온돌시설은 아궁이→불고개(부넘기, 불턱)→고래→개자리→굴뚝 등의 구조로 이루어져 있으며 아궁이에서 굴뚝 방향으로 나아갈수록 레벨이 약간씩 상승함을 살필 수 있다.

1) 아궁이

아궁이는 조사 전 기와나 석재 등 건축 폐기물로 채워지는 것이 대부분이다. 따라서 제토를 실시하면서 와적층과 함께 아궁이를 찾는다는 것은 거의 불가능하다. 아궁이는 대부분 지하에 위치하고 있기 때문에 제토 과정에서 확인되는 고래 덮개돌이나 고래둑을 먼저 조사한다. 그런 후 고래가 모아지는 부분을 중심으로 하여 아궁이의 위치를 역으로 파악해 본다.

이 때 무엇보다도 중요시되는 점은 바로 조사자의 판단력이다. 고래의 구조나 아궁이의 위치 등에 대한 사전 지식이

없으면 조사현장에서 헤맬 수밖에 없다. 그 만큼 작업 시간
을 연장시키는 큰 요인이 될 수 있다. 따라서 일차적으로 고
래가 확인되면 다음으로 아궁이를 찾기 위한 역작업이 바로
이어져야 한다.

아궁이의 평면이 확인되면 일단 사진을 찍고 토층 확인을
위한 구덩이 조사를 실시한다. 이를 통해 아궁이의 깊이 및
바닥면에서의 유물 존재 유무를 파악해 본다. 바닥에는 반
드시 재의 흔적이 확인되므로 그 깊이를 조절할 수 있다. 다

그림 163 _
평택 백봉리 1호 건물지
아궁이 조사 전 모습
〈고려〉
(필자사진)

그림 164 _
평택 백봉리 1호 건물지
아궁이 조사 후 모습
〈고려〉
(필자사진)

그림 165 _

평택 백봉리 2호 건물지
아궁이 조사 전 모습
〈고려〉

(필자사진)

그림 166 _

평택 백봉리 2호 건물지
아궁이 조사 후 모습
〈고려〉

(필자사진)

만, 아궁이의 반복사용에 따른 재층의 중복이 있을 수 있으
므로 되도록이면 생토면이나 자연퇴적토면까지 조사를 진
행토록 한다.

아궁이의 위치는 지표조사에서 삼국~고려시대의 기와나
토기 등의 유물이 수습되면 대부분 건물지 내부에 입지할
가능성이 높으므로 장비 제토시 주의를 기울여야 한다. 특
히, 봇돌이나 이맛돌의 경우 잔존 상태가 양호하지 못한 경

그림 167 _
아궁이에서의 붓돌과 이맛돌
〈평택 백봉리 1호 건물지,
고려〉
(필자사진)

우가 많아 살짝만 건드려도 훼손될 소지가 많다.

반면, 조선시대 건물지의 아궁이는 거의 대부분 실외인 초석과 초석 사이의 벽체 하부에 위치한다. 그러나 조선시대 건물지라 하더라도 아궁이가 건물의 마루 아래쪽에 위치하는 경우 도면상으로는 건물 내부에 위치하는 것처럼 보인다. 이때에도 아궁이가 초석 사이에 위치하고 있는지, 아니면 기단 내부에 존재하고 있는지를 유심히 살펴보도록 한다.

아궁이는 고래와 연결되는 데 일부 기와 건물지의 경우 이것이 없이 아궁이만 존재하는 경우를 살필 수 있다. 그리고 'ㄱ'자형이나 'l'자형의 긴 고래가 아닌 'l'자형의 짧은 고래만 시설된 경우도 확인할 수 있다. 이럴 경우 고래 상면에서의 취침은 불가능할 것으로 생각된다. 이러한 'l'자형의 짧은 고래는 석벽이 시설된 초가형[5]의 지상 건물지에서도 살필 수 있다.

5) 백제 사비기인 부여 화지산 8호 건물지에서 볼 수 있다. 내부에서 철경을 비롯한 철제 자물쇠, 연가, 자배기, 완류 등이 출토되었으나 기와는 수습되지 않았다(國立扶餘文化財研究所, 2002, 『花枝山』, 277~301쪽). 이로 보아 기와 건물은 아니었을 것으로 생각된다.

(1) 아궁이가 실내에 위치하는 사례

■ 삼국시기

• 동대자유적(고구려시기)

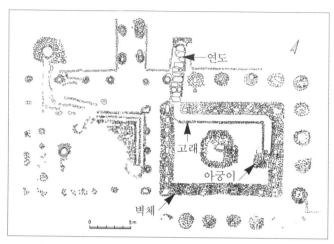

그림 168 _ 동대자유적 아궁이와 고래 〈고구려〉
(張慶浩, 1996, 『韓國의 傳統建築』, 73쪽 도면 21)

• 정릉사지(고구려시기)

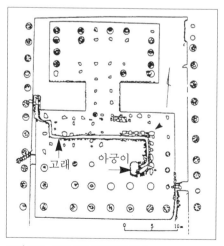

그림 169 _ 정릉사지 아궁이와 고래

• 오매리사지(고구려시기)

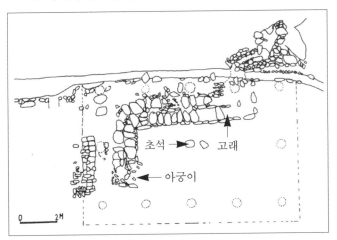

그림 170 _ 오매리사지 제1호 건물지 아궁이와 고래
(張慶浩, 1996, 『韓國의 傳統建築』, 517쪽 도면 292)

• 능산리사지 강당지(백제 사비기)

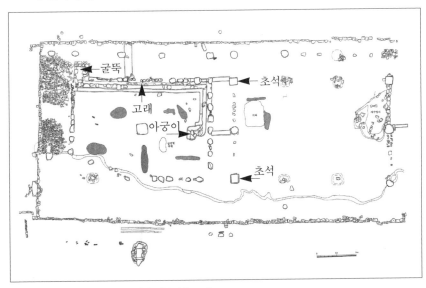

그림 171 _ 능산리사지 강당지 서실 아궁이와 고래
(國立扶餘博物館, 2000, 『陵寺』, 15쪽 도면 10)

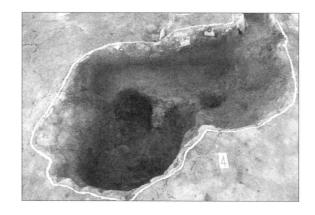

그림 172 _

능산리사지 강당지 서실
아궁이 세부

(國立扶餘博物館, 2000,
『陵寺』, 252쪽 도판 42-②)

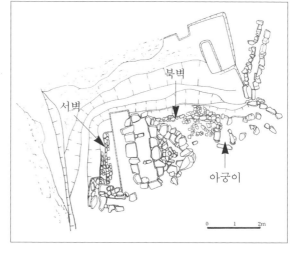

그림 173 _

부여 화지산 8호 건물지
아궁이
〈백제〉

(국립부여문화재연구소, 2002,
『화지산』, 278쪽 도면 127)

북벽

서벽

아궁이

0   1   2m

그림 174 _

부여 화지산 8호 건물지
아궁이
〈백제〉

(국립부여문화재연구소, 2002,
『화지산』, 509쪽 도판 126)

봇돌

이맛돌

■ 통일신라기 및 발해기

・ 실상사 건물지 8(통일신라기)

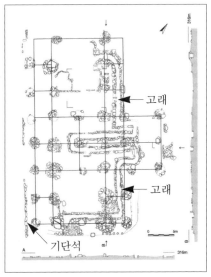

그림 175 _ 8호 건물지 아궁이와 고래
(국립부여문화재연구소, 2006,
『實相寺 II』, 64쪽 도면 9)

・ 순천 금둔사지 I -4건물지(통일신라기)

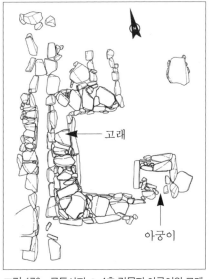

그림 176 _ 금둔사지 I -4호 건물지 아궁이와 고래
(順天大學校博物館, 2004,
『順天 金芚寺址』, 69쪽 도면 21)

・ 상경 용천부 궁성유적(발해기)

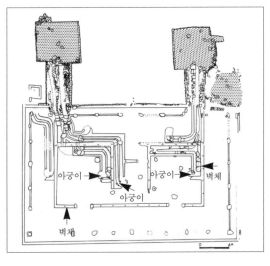

그림 177 _

발해 상경 용천부 궁성 사구
침전지 아궁이와 고래
(張慶浩, 1996, 『韓國의 傳統建
築』, 515쪽 도면 291)

▍고려시기

• 오산 지곶동사지 A-1 건물지

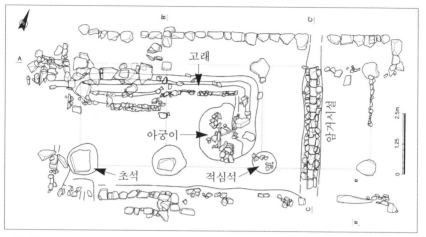

그림 178 _ 오산 지곶동 A-1건물지 내 아궁이와 고래
　　　(기호문화재연구원, 2010, 『烏山 紙串洞遺蹟』)

• 여주 고달사지 가-4 건물지

그림 179 _ 여주 고달사지 가-4건물지 아궁이와 고래〈오른쪽 칸〉
　　　(京畿文化財團 附設 畿甸文化財研究院, 2007, 『高達寺址』II, 405쪽 도면 156)

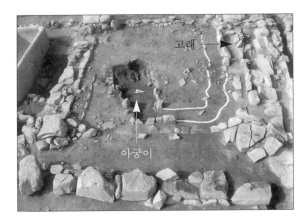

그림 180 _
여주 고달사지 가-4건물지
아궁이와 고래
(京畿文化財團 附設 畿甸文化
財研究院, 2007,『高達寺址』Ⅱ,
454쪽 사진 111-①)

(2) 아궁이가 실외에 위치하는 사례

초석과 초석 사이에 고맥이가 조성된 경우 그 위에는 벽
체가 시설된다. 여기서 실내와 실외는 벽체를 기준으로 공
간구분을 한 것이다. 따라서 벽체의 안쪽에 해당되는 부분
은 실내이고 이의 밖에 해당되는 부분은 실외로 구분한다.

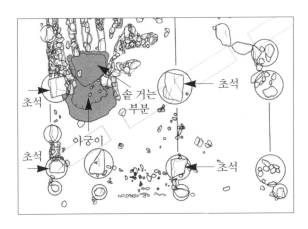

그림 181 _
초석과 벽체, 아궁이와
솥 거는 부분
〈평택 백봉리 2호 건물지,
고려〉
(기호문화재연구원, 2010,
『平澤 栢峯里遺蹟』)

만약 평면상에서 솥 거는 부분이 초석과 초석 사이의 실내에 위치하고 있다면 이는 중인방 등을 시설하여 그 아래 부분의 벽체를 'ㄱ'자 모양으로 실내 안쪽으로 꺾어 축조하였음을 인지하여야 한다. 따라서 실재 유적에서는 아궁이나 솥거는 부분 모두 실외에 위치하였음을 판단하여야 한다. 아울러 아궁이를 마루 밑에 조성하는 경우도 도면상에서는 실내에 위치하는 것으로 살펴질 수 있는 데 이러한 경우 아궁이의 위치가 초석과 초석 사이에 배치되어 있는지 자세히 살펴본다.

• 평면상 아궁이나 솥거는 부분이 초석 내부에 위치하는 경우의 복원

그림 183 _ 평택 백봉리 건물지 아궁이 및 목가구의 추정 복원 (아산 외암민속마을 소재, 필자사진)

그림 182 _ 평택 백봉리 건물지 아궁이 및 목가구의 추정 복원 (아산 외암민속마을 소재, 필자사진)
그러나 백봉리 건물지는 위와 같은 누마루 형식이 아닌 방과 연결된 다락이었을 가능성이 높음

▌공산성 건물지

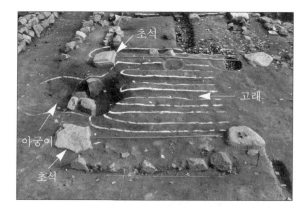

그림 184 _

공산성 내 건물지 아궁이
(필자사진)

▌화성 금의리유적 건물지

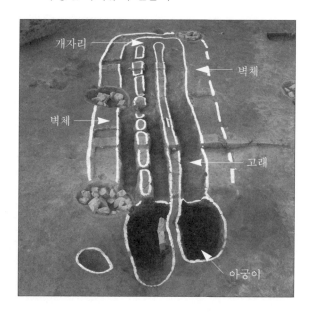

그림 185 _

화성 금의리유적 건물지
아궁이
(기호문화재연구원, 2011,
『華城 錦衣里 遺蹟』)

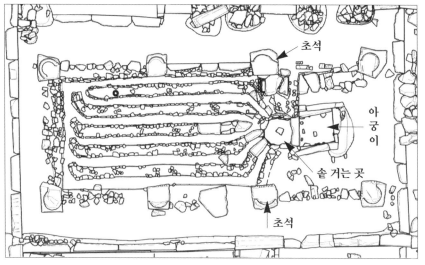

그림 186 _ 회암사지 영당지 아궁이

(경기도 외, 2003, 『檜巖寺Ⅱ 7·8단지 발굴조사 보고서』, 86쪽 그림 24 상)

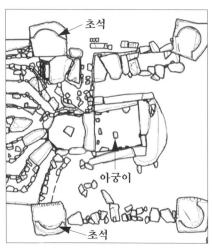

그림 187 _ 회암사지 영당지 아궁이

(경기도 외, 2003, 『檜巖寺Ⅱ 7·8단지 발굴조사 보고서』, 86쪽 그림 24 하)

아궁이는 지표면을 완전 토광형으로 굴토하여 조성하는 것이 있는 반면, 입구부를 개방하여 사용하는 반토광형도 살필 수 있다. 후자인 경우에도 불을 때는 화구부가 레벨상 깊게 나타나기 때문에 완전 'ㄴ' 자 모양으로 바닥면이 정지되는 경우는 드물다. 아궁이는 다듬은 돌이나 할석으로 축조되며, 평면은 방형, 타원형, 원형 등 다양하다.

• 토광형 아궁이

그림 188 _
평택 백봉리 건물지 2호
토광형 아궁이
〈고려〉
(필자사진)

• 반토광형 아궁이

아궁이

그림 189 _
공산성 내 건물지 아궁이
〈조선〉
(필자사진)

　아울러 건물의 사용 정도에 따라 아궁이의 중복 상태도
복잡하게 나타난다. 이 때 아궁이의 선후차는 아궁이에서
고래로 통하는 경계 부분에서의 폐쇄석이 존재하는지, 아니
면 아궁이를 폐쇄한 흔적이 확인되는 지를 파악해 보면 알
수 있다.

그림 190 _

평택 백봉리 건물지 1호
아궁이 중복 상태
〈고려〉

(기호문화재연구원, 2010,
『平澤 栢峯里遺蹟』)

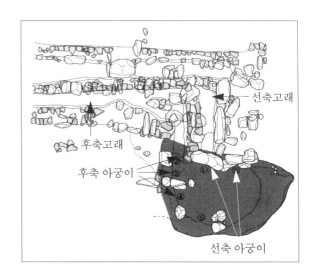

선축고래

후축고래

후축 아궁이

선축 아궁이

그림 191 _

평택 백봉리 건물지 1호 선축
아궁이의 폐쇄 모습
〈고려〉

(필자사진)

아궁이의 폐쇄는 돌과 점토를 이용하여 혼축하는 경우가
있으므로 조사 과정에서 이의 제거가 필요하다. 아궁이의
선후 조성에 따라 고래 구조가 각기 달라질 수 있으므로 이
의 변화 양상을 도면으로 잘 남겨 두어야 한다. 그리고 고래
구조의 변화에 따른 실내 면적의 변화 및 건물지 기단의 변
화도 존재하는지 함께 살펴보도록 한다.

아궁이는 한 개가 확인되는 것이 있는 반면, 2개 이상도 살펴진다. 아울러 고래가 없이 아궁이만 확인되는 기와건물지도 살필 수 있다. 이럴 경우 아궁이는 건물 벽체나 내부에 시설되는 것이 일반적이다. 이는 마치 벽난로나 건물 내부에서의 화로를 연상시키게 한다.

(3) 고래가 없는 아궁이 사례

고래나 굴뚝이 없이 아궁이만 시설된 경우이다. 기와건물지에서의 경우 주로 통일신라시대 이후에 많이 등장하고 있다. 넓은 실내 공간의 경우 2곳 이상에서도 확인된다.

층위상 적심석과 같은 레벨에 위치하고 있는 것으로 보아 기단토를 파고 지하에 아궁이를 설치하였음을 알 수 있다. 특히 취침이 이루어지는 공간이 마루였다고 추정될 때에는 화재와 관련한 아궁이 주변의 보호시설 또한 발굴조사 과정에서 살펴보아야 한다.

▌양양 진전사지

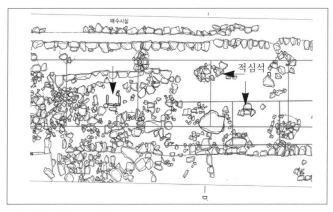

그림 192 _ 건물지 9 아궁이 〈통일신라〉
(강원문화재연구소, 2004, 『陳田 發掘調査 報告書』, 63쪽 도면 16)

▐ 당진 삼웅리 나무고개유적

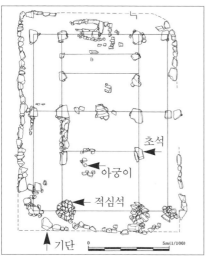

그림 193 _ 나무고개유적 1건물지 아궁이〈통일신라〉
(忠淸文化財硏究院, 2005,『唐津 三雄里 나
무고개 · 황새울 遺蹟』, 17쪽 도면 6)

▐ 경주 인왕동 412번지 1-1호 건물지

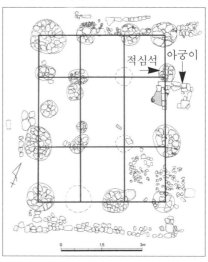

그림 194 _ 경주 인왕동 1-1호 건물지 아궁이
〈통일신라〉 (신라문화유산조사단,
2009,『왕경유적』IX, 38쪽 도면 13)

▐ 홍성 월산리유적 4호 건물지

그림 195 _ 월산리유적 4호 건물지 아궁이〈고려〉
(中央文化財硏究院, 2001,『洪城 月山里遺
蹟』, 31쪽 도면 10)

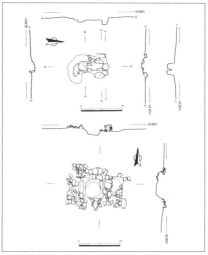

그림 196 _ 월산리유적 4호 건물지 아궁이 세부 1차
(상) 및 2차(하)〈고려〉 (中央文化財硏究
院, 2001,『洪城 月山里遺蹟』, 32쪽 도면 11)

※ 아궁이의 위치변화

▌삼국시기

아궁이가 실내에 위치한 경우

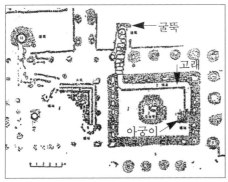

그림 197 _ 고구려 동대자유적   그림 198 _ 백제 능산리사지 강당지 서실

▌통일신라시기

아궁이가 실내에 위치(고래 존재의 유무에 유의)

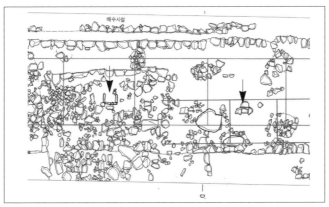

그림 199 _ 진전사지 건물지 9 아궁이 〈고래 존재 무〉

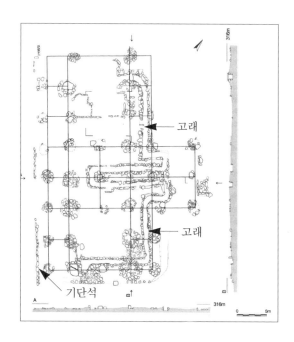

고래

고래

기단석

■ 고려시기

고려 후기(12세기) 무렵을 중심으로 그 이전은 대체로 아궁이가 실내에 위치하나 그 이후에는 점차 아궁이가 실외(그

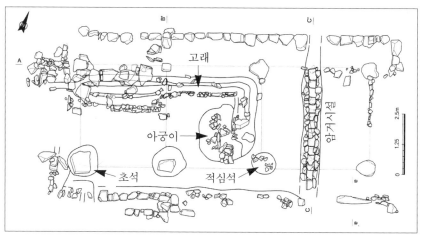

고래

아궁이

초석

적심석

그림 201 _ 오산 지곶동사지 A-1건물지 〈아궁이 실내 위치, 고려〉

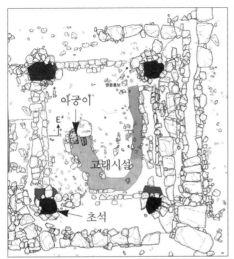 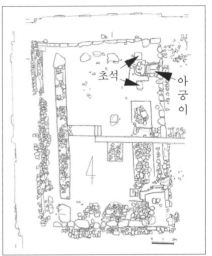

그림 202 _ 여주 고달사지 가-4건물지 〈아궁이 실내 위　　그림 203 _ 공주 구룡사지 제 3건물지 아궁이〈고려〉
치, 고려〉(京畿文化財團 附設 畿甸文化財研　　　　(公州大學校博物館, 1995, 『九龍寺址』,
究院, 2007, 『高達寺址』 II, 405쪽 도면 156 중)　　　　84쪽 도면 24)

림 203)에 위치하게 된다. 이에 따라 생활 방식도 입식에서
좌식으로 바뀌게 된다.

■ 조선시기

아궁이는 기본적으로 실외에 위치하고 있다. 다만, 평면
도상 아궁이가 건물 내부의 실내에 존재하는 것처럼 보이는
경우도 있다. 즉, 이 시기 건물의 아궁이는 초석과 초석 사이
인 벽체 하부에 시설되는 것이 일반적인데 일부 마루 밑에
조성되는 경우도 있어 평면상으로 보면 건물의 내부에 배치
된 것으로 살펴지기도 한다.

이러한 경우 아궁이가 초석 내부에 존재하고 있으면 실
내, 초석과 초석 사이나 그 외부에 있으면 실외에 위치하는
것으로 이해하면 된다. 아울러 초석이나 고맥이 등의 형태

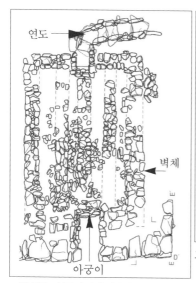

그림 204 _ 실외의 벽체 아래에 아궁이 배치
　　　　 〈보길도 윤선도유적 서재부 아궁
　　　　 이, 조선〉 (全南文化財硏究院,
　　　　 2006,『莞島 甫吉島 尹善道遺蹟』II,
　　　　 119쪽 그림 20)

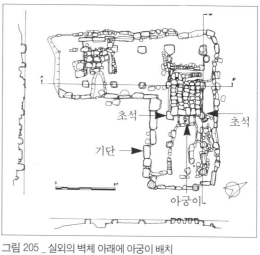

그림 205 _ 실외의 벽체 아래에 아궁이 배치
　　　　 〈미륵사 주변 건물지, 조선〉
　　　　 (張慶浩, 1996,『韓國의 傳統建築』, 530쪽 도면 301)

그림 206 _
실외의 벽체 아래에 아궁이
복원 〈공주 한옥마을〉
(필자사진)

를 유심히 살펴 아궁이가 건물 내부인 부엌에 위치하고 있는지, 아니면 실외의 벽체나 마루 아래, 혹은 퇴칸 건물 아래에 시설되었는지도 파악해 본다.

한편, 아궁이의 위치가 확인되면 화구 내부에 솥 거는 부분이 있는지, 없는지 등의 유무관계를 살펴본다. 만약 솥거는 부분이 있다면 이곳에는 부뚜막이 조성되었을 것이다. 이의 대부분은 아궁이가 폐기되면서 무너져 내렸기 때문에 원형을 살피기는 어렵다. 그러나 부뚜막을 축조하기 위한 측면에서의 축조기법이나 재료 등은 살필 수 있다.

그림 207 _ 부엌 내부에 아궁이 및 솥 거는 부분 복원 〈아산 외암민속마을〉
(필자사진)

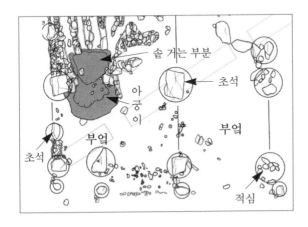

솥 거는 부분
초석
아 궁 이
부엌
초석
부엌
적심

그림 208 _
부엌 내부 아궁이 및 솥 거는 부분의 위치
〈평택 백봉리 2호 건물지, 고려〉
(기호문화재연구원, 2010, 『平澤 栢峯里遺蹟』)

그림 209 _
퇴칸 아래에 아궁이 위치
〈공주 선화당〉
(필자사진)

초석　　　　아궁이　　　　초석

2) 고래

고래는 석재, 토석혼축, 기와 등 다양한 재료로 축조되었으며 시대에 따라 초석과 높이차를 달리하였다. 즉, 고려 후기 이전에 해당되는 기와건물의 경우 고래는 초석과 레벨이 비슷하거나 오히려 높게 나타나고 있다. 이는 이 시기까지 실내에 신발을 신고 들어가는 생활습관 때문이었다. 즉, 신발을 신고 집 내부로 들어와 차를 마신다거나 고래에 걸터 앉거나 휴식을 취했던 것이다.

따라서 실내는 온돌이 시설된 공간과 그렇지 않은 공간으로 구별되었다. 고래의 평면 형태는 'ㄱ'자형이나 'ㅣ'자형 모두 등장하였으나 삼국시기 고래(쪽구들)의 경우는 주로 전자의 형태를 취하였다. 아울러 아궁이는 고래와 마찬가지로 실내에 조성되어 간단한 조리 역시도 실내에서 이루어지게 되었다.

단면상에서 보면 고래는 기단토 보다 높게 축조되었다. 이는 기단토를 굴착하고 고래를 조성하였음을 의미한다. 기

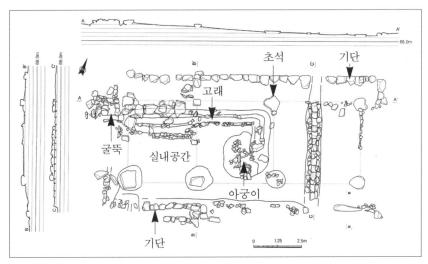

그림 210 _ 오산 지곶동 고려사지 A-1건물 〈고려〉 (기호문화재연구원, 2010, 『烏山 紙串洞遺蹟』)

그림 211 _ 오산 지곶동 고려사지 A-1건물지 고래
〈고래 수 : 2줄 → 3줄로 변화〉
(필자사진)

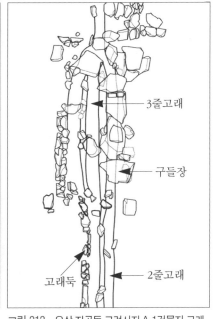

그림 212 _ 오산 지곶동 고려사지 A-1건물지 고래
〈고래 수 : 2줄 → 3줄로 변화〉 (기호문
화재연구원, 2010, 『烏山 紙串洞遺蹟』)

단토 위에 고래가 조성되었기 때문에 육안으로도 쉽게 확인할 수 있다. 고래 수는 일정하지 않고 부분적으로 달리 나타나는 경우도 있다. 이는 단위면적의 넓고 좁음을 의미하는 것으로서 좁은 곳은 쉬기 위해, 넓은 곳은 잠자기 위한 장소로 파악된다.

반면, 고려 말~조선 초기에 이르면 고래는 실내 공간 전체를 차지하게 된다. 이에 따라 신발도 실외에 벗어 놓고 들어오게 되었다. 아울러 아궁이도 밖에 조성되어 위생적인 생활이 가능하였다. 비로소 입식생활에서 좌식생활로 바뀌는 생활의 변화가 일어나게 된 것이다.

이런 경우 고래둑 위에 올려진 덮개돌의 경우 대부분 초석 아래에 위치하게 된다. 따라서 덮개돌 위에 초석이 배치되어 있다면 이러한 건물지는 고려 말 이후에 축조되었을 가능성이 높다. 그리고 실내는 전면에 고래가 조성되었을 것이다.

그러나 한편으로는 실내 전체에 고래가 깔려있지 않으면서 고래 덮개돌 위에 초석이 놓인 경우도 살필 수 있다. 이는

그림 213 _
평택 백봉리 건물지 1호
구들장 상면에 초석이 올려진
모습
〈고려〉
(필자사진)

그림 214 _
고래 상면에 초석이 올려진
모습
〈고려〉
(필자사진)

고려 말에 나타나는 과도기적 형태로서 고려 후기까지의 고
래 축조술이 이 시기에 이르러 일부 전파된 것으로 이해할
수 있다.

　조선시기 기와건물지 조사 과정에서 고래 덮개돌이 유실
되었다면 이보다 윗 층에 조성되는 초석이나 건물지 기단의
존재는 이미 멸실되었을 가능성이 높다. 그러나 초석 아래
의 적심석 등은 고래둑과 함께 남아 있을 수 있기 때문에 평
면 형태를 유심히 살펴 건물의 규모를 살펴보도록 한다. 아
울러 고래 외곽으로는 건물의 벽체가 조성되기 때문에 기단
의 존재와 관계없이 실내 공간을 유추하는데에는 큰 어려움
이 없을 것이다.

　아울러 덮개돌이 유실된 고래를 조사하는 과정에서 기와
나 토기, 자기 등의 유물이 수습되었다면 이는 덮개돌 제거
후 건물지의 폐기과정에서 유입된 것이기 때문에 건물지와
같은 시기이거나 이보다 후행하는 것임을 인지하여야 한다.

　한편, 고래 덮개돌은 얇은 할석재 판석으로 이루어져 완
형보다는 깨어져 고래 바닥에 떨어진 것이 많아 발굴조사

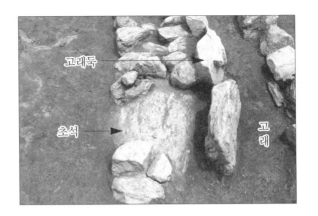

그림 215 _
평택 백봉리 건물지 2호
〈고래 보다 낮에 조성된 건물
벽체와 초석, 고려〉
(필자사진)

과정에서 무조건 제거하는 것은 옳지 않다. 이는 향후 덮개
돌을 복원함에 있어 중요한 자료를 잃게 하는 요인이 된다.
덮개돌과 덮개돌 사이는 연기가 빠져 나가지 않도록 점토로
보강되어 있다.

　고래 바닥에는 재가 떨어져 있기 때문에 바닥이 약간 흑
색을 띠며, 이는 개자리부나 굴뚝 개자리부에서도 마찬가지
이다. 따라서 이 부분을 제토함에 있어 생토면이나 퇴적토
까지 완전 제토하지 않도록 주의를 기울여야 한다. 고래는
건물지마다 그 방향(일자형, 사선형, 곡면형 등)이 얼마든지
다를 수 있기 때문에 우선적으로 평면상태를 주의 깊게 관
찰한 후 내부조사를 실시토록 한다.

3) 실내 개자리

　개자리는 굴뚝 하부를 비롯해 고래 끝단과 벽체 하부시설
사이에 길게 조성되어 있다. 후자는 실내에 위치하고 있어

여기에서는 편의상 실내 개자리로 명명하고자 한다.

실내 개자리는 아궁이에서 발생한 연기가 고래를 따라 굴
뚝으로 넘어가는 데 있어 벽체와 접해 길게 조성된 얕은 구
(溝)를 의미한다. 연기에 포함되어 있는 재를 떨어뜨리는 역
할을 하기 때문에 바닥면에는 항상 얇은 재층이 깔려 있다.
단면상 'ʊ' 형으로 굴토되어 있거나 아니면 약하게 굴광되
어 육안으로 파악하기 곤란한 경우도 있다. 따라서 개자리
부에 재층이 확인되지 않을 경우에는 단면조사를 실시하여
굴광 여부를 확인해 보아야 한다.

만약, 조사 중에 고래둑의 대부분이 유실되어 개자리의
존재를 인지할 수 없다면 벽체의 위치를 우선적으로 살펴
볼 필요가 있다. 벽체는 기둥과 기둥 사이에 조성되어 있으
므로 건물지 외곽에서의 초석과 적심시설 등을 확인하는 것
도 좋은 방법이다.

평면상에서 벽체의 위치가 파악되면 다음에는 벽체의 두
께가 어느 정도 인지를 확인해 본다. 벽체는 대부분 석축으
로 이루어지기 때문에 석재가 빠져 나가도 그 형적을 살필

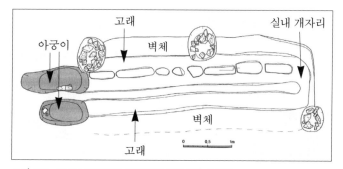

그림 216 _ 화성 금의리유적 내 건물지 온돌시설 〈조선〉
(기호문화재연구원, 2011, 『華城 錦衣里 遺蹟』)

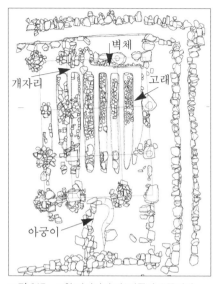

그림 217 _ 고창 연기사지 제2건물지 온돌시설
〈조선 중후기〉 (湖南文化財研究院,
2004,『高敞 烟起寺址』, 51쪽 도면 9)

수가 있다. 대부분 초석이나 적심 시설보다 그 폭이 좁게 나타나며 개자리와 달리 재가 전혀 살펴지지 않아 토층상으로도 파악이 가능하다.

개자리는 이처럼 벽체와 고래 사이에 위치하고 있기 때문에 유구의 잔존 상태가 불량하다 하더라도 인내심을 갖고 평면 · 단면 작업을 통해 차분히 찾아보도록 한다.

한편, 개자리나 고래는 건물지의 벽체와 접해 있기 때문에 이의 조사 시 신중을 기하여야 한다. 여기에는 초석을 비롯한 보조 초석 그리고 고래의 화기로부터 기둥을 보호하기 위한 점토보강 등이 있을 수 있어 평면 제

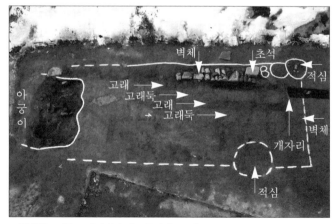

그림 218 _ 여주 고산서원지 내 온돌시설 〈조선〉 (한얼문화유산연구원)

그림 219 _
여주 고산서원지 내 벽체 및
초석 세부
〈조선〉
(한얼문화유산연구원)

그림 220 _
평택 백봉리 2호 건물지의
벽체 하부
〈고려〉
(필자사진)

토 과정에서 벽체 하부의 축석 상태를 유심히 살펴보아야
한다. 따라서 일단 석렬이 확인되면 수작업을 통해 유구의
성격을 파악해 보고 이를 연계시켜 확장조사를 실시한다.

　　4) 굴뚝

　굴뚝은 대부분 유실되어 하부시설만 남아 있는데 평면 원
형이나 방형이 일반적이며 흔히 토석혼축으로 이루어졌으

나 전적(塼積)으로 조성된 예도 확인할 수 있다. 굴뚝은 벽체 하부에 접해 있거나 수 m 떨어져 축조된 경우도 살필 수 있다.

사례가 많진 않지만 굴뚝이 담장 너머에 위치한 경우도 찾아볼 수 있다. 이는 아마도 발굴조사 과정에서는 시기차에 따른 중복 유구로 이해할 수 있겠지만 실제로는 동 시기의 유구에 해당된다.

연도는 건물지 내부의 고래에서 실외의 굴뚝까지 연기가 통과하는 길을 의미한다. 이는 기단토나 대지상에 조성되기 때문에 제토 과정에서 쉽게 확인할 수 있다. 다만, 굴뚝이 건물의 벽체와 멀리 떨어져 있는 경우 연도는 지상이 아닌 지하에 매설하게 된다. 이러한 경우 연도는 대지조성토를 굴광하고 축조하기 때문에 평면상에서 토층의 변화를 주의 깊게 살펴보아야 한다.

▌굴뚝이 벽체와 붙어 있는 경우

그림 221 _
광교 신도시 부지 내 건물지
〈조선〉
(필자사진)

벽체　　　　　굴뚝

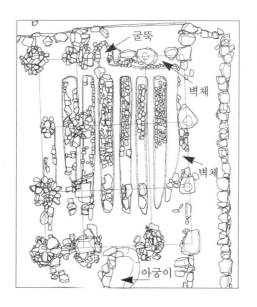

그림 222 _

고창 연기사지 제2건물지
온돌시설
〈조선 중후기〉

(湖南文化財研究院, 2004,
『高敞 烟起寺址』, 51쪽 도면 9)

• 굴뚝이 벽체와 붙어 있는 경우의 복원

그림 223 _ 신륵사 내 적묵당 (필자사진)

그림 224 _ 신륵사 내 적묵당 (필자사진)

█ 굴뚝이 벽체와 떨어져 있는 경우

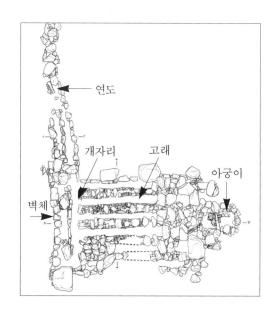

그림 225 _

B건물지 북쪽 구들
〈고려 후기~조선 전기〉
(한백문화재연구원, 2011,
『여주 연라리 유적』, 82쪽 도면
43 중)

연도

개자리   고래

아궁이

벽체

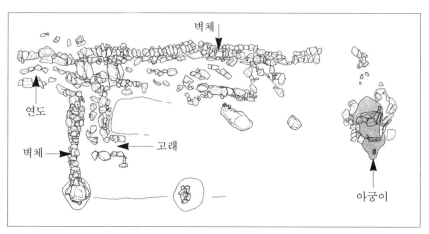

벽체

연도

벽체 ─── 고래

아궁이

그림 226 _ 김포 미송지구 1호 건물지 〈고려〉
(기호문화재연구원, 2010, 『金浦 馬松 遺蹟』)

• 굴뚝이 벽체와 떨어진 경우의 복원

그림 227 _
천안 박문수 생가
〈굴뚝이 담장 너머에 위치,
조선〉
(필자사진)

그림 228 _ 천안 박문수 생가
〈굴뚝이 담장 너머에 위치, 조선〉
(필자사진)

그림 229 _ 아산 외암리민속마을
〈굴뚝이 기단 밖에 위치〉
(필자사진)

그림 230 _
홍성 고선사 요사채
〈굴뚝이 기단 밖에 위치〉
(필자사진)

그림 231 _
공주 한옥마을 굴뚝 복원
(필자사진)

8. 석벽건물

기와건물의 벽체는 재료에 따라 흙(유기물 포함), 돌, 나
무 등으로 구분된다. 이에 따라 건물의 이름도 토벽건물, 석
벽건물, 토벽+석벽건물, 대벽건물 등으로 불리고 있다. 이
중 토벽+석벽건물이나 대벽건물의 경우는 지붕이 초가형을

그림 232 _
태안 흥주사 만세루 토벽
(필자사진)

이루고 있다. 그러나 토벽·석벽건물은 통일신라기 이후 대
부분 기와지붕을 취하고 있다는 점에서 이의 사례와 축조기
법 등을 살펴보고자 한다.

발굴과정에서 이들 건물은 벽체 이상의 상부구조가 멸실
된 채 하부구조만 남아 있다. 토벽건물은 일반 건물에서 볼
수 있는 바와 같이 벽의 미장처리를 흙으로 한 것으로서 초
석과 기둥, 인방 등으로 구성되나 남아 있는 경우는 초석과
적심시설이 대부분이다. 그리고 초석과 초석 사이에는 하인
방을 지탱하기 위한 고맥이 시설이 전, 회, 할석, 기와 등의
재료로 조성되어 있다.

석벽건물은 편축이나 협축으로 돌을 쌓아 올려 벽을 축조
한 것을 의미한다. 백제시대에 축조된 공주 옥룡동 석벽건
물의 경우 편축으로 조성된 반면, 통일신라 이후에 조성된
대부분의 석벽건물은 협축으로 조성되었다. 석벽건물은 백
제시대만 하더라도 수혈 내부에 축조되었으나 통일신라 이
후에는 수혈을 거쳐 지상에 조성되었다. 아울러 공주 옥룡

동 석벽건물의 경우가 석벽+토벽으로 조성된 반면, 통일신라 이후의 유적은 모두 네 벽을 석벽으로 조성하여 차이를 보인다.

수혈 내부에 조성된 석벽건물의 초석은 기본적으로 석벽 내부에 시설되어 있으며 일부는 초석이 없이 굴립주 형태로 이루어진 것도 살필 수 있다. 지붕은 기와를 사용하고 있으나 광양 마로산성에서와 같이 와당이 올린 예도 확인된다. 석벽건물은 창고나 성곽 내 건물지 등에 주로 사용되었다.

발굴 제토 중에 나타나는 석벽건물의 형태는 굴광된 수혈 내부에 담장 형태로 돌이 쌓인 모습을 하고 있다. 아울러 석벽이 폐기되는 과정에서 이의 일부가 수혈 내부로 함몰되어 부정형의 축석(築石) 상태도 살필 수 있다.

따라서 조사는 수혈 내부에 구덩이를 설치하여 토층 상태를 살피고 바닥면까지 직하한다. 두 번째로는 벽면에 남아 있는 석벽을 중심으로 'Ⅱ'자 토층을 남긴 후 수혈 내부를 전면 제토하여 유구 상태를 살펴본다. 세 번째로는 석벽 사이에 초석이나 적심시설 혹은 기둥을 설치하기 위한 주공(柱孔) 등이 있는지 확인해 본다. 마지막으로는 석벽건물지의 입구를 파악해 본다. 문이 시설되기 위해선 기본적으로 기둥이 서야 되기 때문에 이의 자리(초석이나 주공 등)를 찾는 것이 가장 중요하다.

▌백제의 석벽건물

장방형의 수혈 내부에 반지하식으로 축조되었거나 지상식으로 조성되었다. 공주 옥룡동 석벽건물의 경우 일부 토벽이 확인되며 성격은 창고로 판단되었다.[6] 아울러 부여 화

6) 충청문화재연구원, 2010, 『공주 옥룡동 414번지 유적』.

지산 석벽건물은 지붕이 초가형으로서 생활유적으로 추정
되었다.[7]

7) 國立扶餘文化財研究所,
2002, 『花枝山』.

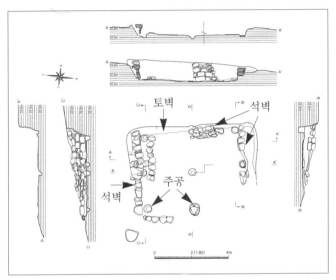

그림 233 _ 공주 옥룡동 2호 석벽+토벽 건물지 〈백제〉
(충청문화재연구원, 2010, 『공주 옥룡동 414번지 유적』, 19쪽 도면 10)

그림 234 _
공주 옥룡동 2호 석벽+토벽
건물지
〈백제〉
(충청문화재연구원, 2010,
『공주 옥룡동 414번지 유적』,
40쪽 사진 16)

그림 235 _
공주 옥룡동 2호 건물지의
석벽 상태
〈백제〉
(필자사진)

그림 236 _
공주 옥룡동 2호 건물지의
토벽과 석벽의 혼축 상태
〈백제〉
(필자사진)

토벽   석벽

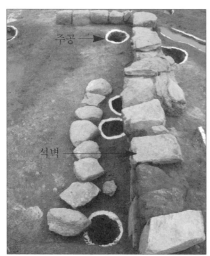

주공

석벽

수혈
벽면   석벽

그림 237 _ 공주 옥룡동 2호 건물지의 주공과 석벽
의 배치 상태 〈백제〉 (필자사진)

그림 238 _ 공주 옥룡동 2호 건물지의 수혈벽면과
석벽 사이의 충전토 〈백제〉 (필자사진)

그림 239 _ 공주 옥룡동 2호 건물지 내 주공 　　그림 240 _ 공주 옥룡동 2호건물지 내 초석
　　　　　　　(필자사진)　　　　　　　　　　　　　　　　(필자사진)

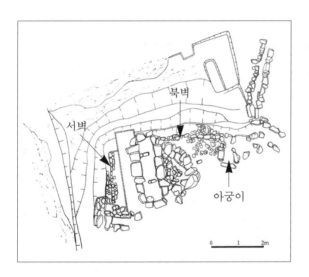

그림 241 _
부여 화지산유적 내 석벽건물
〈백제〉
(國立扶餘文化財研究所, 2002,
『花枝山』, 278쪽 도면 127)

북벽

서벽

아궁이

0　　　1　　　2m

■ 신라 혹은 가야의 석벽건물

　석벽건물 주변으로 토기요지가 분포하고 있어 요업과 관
련된 작업장으로 추정되었다. [8]

8) 부산지방국토관리청 · 경
　남문화재연구원, 2008
　『山淸 於西里遺蹟』.

그림 242 _
산청 어서리유적 석벽건물
(공방 추정)
(부산지방국토관리청 · 경남문
화재연구원, 2008, 『山淸 於西
里遺蹟』, 원색사진)

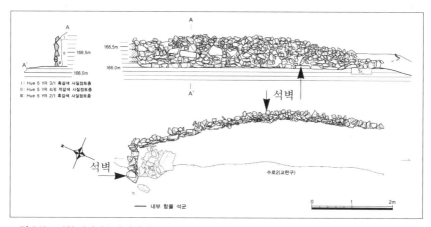

그림 243 _ 산청 어서리유적 석벽건물 (공방 추정)
(부산지방국토관리청 · 경남문화재연구원, 2008, 『山淸 於西里遺蹟』, 44쪽 도면 5)

■ 통일신라시기의 석벽건물

삼국시기와 비교해 석벽건물은 성곽 내부에서 특히 많이
확인되고 있다. 바닥에서는 일부 부석 및 배수시설이 살펴
지며 초석은 석벽 내부뿐만 아니라 외부에서도 조사되고 있
다. 남한산성 및 홍성 석성산성 내 대형 석벽건물에서와 같
이 규모의 대형화 및 퇴칸 혹은 차양칸 등을 갖춘 유구도 살

퍼지고 있다.

  석벽건물의 성격은 주로 창고로 추정되었으며 내부에서
는 아궁이 및 온돌시설 등이 확인되지 않았다. 건물의 축조
는 삼국시기와 같이 수혈 내부에 조성하는 경우도 있지만
지상식으로 축조하는 사례가 대부분을 차지하고 있다.

그림 244 _
광양 마로산성 내 석벽건물
(광양시 · 순천대학교박물관,
2005, 『光陽 馬老山城』Ⅰ,
원색사진 2)

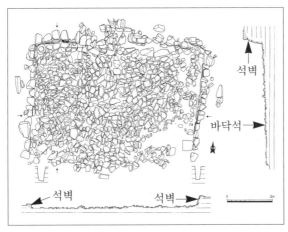

그림 245 _
**광양 마로산성 내 Ⅱ-2호
건물지**
(광양시 · 순천대학교박물관,
2005, 『光陽 馬老山城』Ⅰ,
135쪽 도면 52)

그림 246 _
광양 마로산성 내 II-2호
건물지
(광양시 · 순천대학교박물관,
2005,『光陽 馬老山城』I ,
표지 사진)

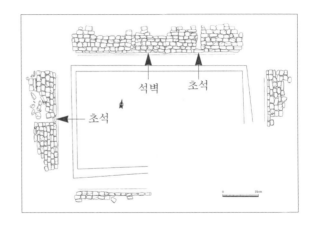

그림 247 _
광양 마로산성 내 II-3호
건물지
(광양시 · 순천대학교박물관,
2005,『光陽 馬老山城』I ,
145쪽 도면 58)

그림 248 _
광양 마로산성 내 II-3호
건물지 북벽
(광양시 · 순천대학교박물관,
2005,『光陽 馬老山城』I ,
원색사진 3)

▌발해시기의 석벽건물

러시아 연해주 크라스키노 성지 내부의 발해 사지에서 확인되었다. 금당지 전면이라는 점과 주변에서 수습된 연화형 장식 등으로 보아 불상을 안치한 소형 전각지로 추정된다.

그림 249 _
크라스키노 성지 내 발해의 석벽건물
(고구려연구재단, 2004, 『러시아 연해주 크라스키노 발해사원지 발굴보고서』, 194쪽 도판 52)

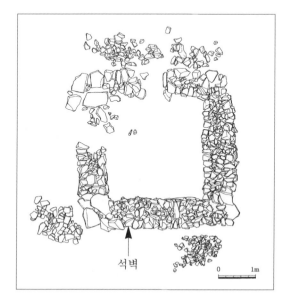

석벽

0   1m

그림 250 _
크라스키노 성지 내 발해의 석벽건물
(고구려연구재단, 2004, 『러시아 연해주 크라스키노 발해사원지 발굴보고서』, 87쪽 도면 7)

■ 고려시기의 석벽건물

신창학성 성벽과 인접해 확인되었다. 성 밖의 적 화공(火攻)으로부터 건물 내부를 보호하기 위해 방화벽 성격의 석벽건물로 축조하였다.

그림 251 _
아산 신창학성 내 석벽건물
(충청남도역사문화원 · 아산시,
2006, 『牙山 鶴城山城-西門址 ·
西壁 · 建物址 發掘調査-』, 5쪽
원색도판 3)

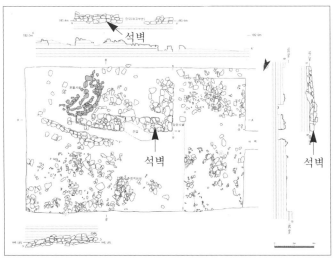

그림 252 _ 아산 석성산성 내 석벽건물 (충청남도역사문화원 · 아산시, 2006,
『牙山 鶴城山城-西門址 · 西壁 · 建物址 發掘調査-』, 71쪽 도면 23)

■ 조선시기의 석벽건물

 부소산성 내 군창지 등 대형의 창고건물이나 옥사, 당집
등과 같은 건물에 석벽건물이 사용되었다.

 • 부소산성 군창지

그림 253 _
부여 부소산성 내 군창지
석벽건물 1
(필자사진)

그림 254 _
부여 부소산성 내 군창지
석벽건물 2
(필자사진)

그림 255 _

부여 부소산성 내 군창지
〈석벽건물〉 석벽 잔존 상태
(필자사진)

그림 256 _

부여 부소산성 내 군창지
〈석벽건물〉 석벽 築石 상태
(필자사진)

• 대구 노변동유적 건물지

그림 257 _

대구 노변동 석벽건물
〈당집 조사 후, 조선〉
(嶺南文化財硏究院, 2005,
『大邱 蘆邊洞 社稷壇遺蹟』,
164쪽 사진 46-2)

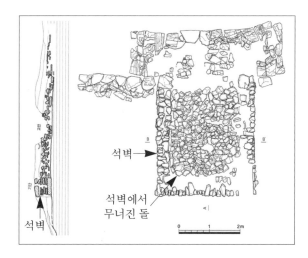

그림 258 _
대구 노변동 석벽건물
〈당집, 조선〉
(嶺南文化財研究院, 2005,
『大邱 蘆邊洞 社稷壇遺蹟』,
82쪽 도면 36)

석벽←

석벽에서
무너진 돌

석벽↑

0   1   2m

　　석벽건물이 수혈이 아닌 지상에 축조되었을 경우에는 정
지된 대지상에서 많은 석재를 발견할 수 있다. 이는 벽면에
서 붕괴된 것으로 기와 등과 섞여 나타난다. 제토 과정에서
돌이 뒤섞여 나타나면 당황하기 마련인데 먼저 담장지와 같
은 축석(築石) 상태를 평면에서 파악해 본다. 이런 모습이
나타나지 않으면 석벽 위로 붕괴된 석재가 덮고 있는 것이
기에 과감히 무너진 석재를 걷어내야 한다. 걷어낸 후 담장
형식의 석벽이 나타나면 건물 내외면에서 생활면을 찾아본
다. 대개 무너진 석재를 걷어낸 바닥이 생활면일 가능성이
높으나 확인 차원에서 구덩이를 설치하여 토층조사를 실시
하는 것이 바람직하다. 그리고 석벽 내부에서의 초석이나
적심시설 등을 살펴 건물지의 규모를 파악해 본다.
　　석벽건물에서 초석은 기단토 상면이나 석벽 내부에 시설
되는 경우가 많은 데 특히 후자의 경우는 붕괴된 석재와 함
께 나타나고 있다. 따라서 기단토 상면에서 초석이나 적심

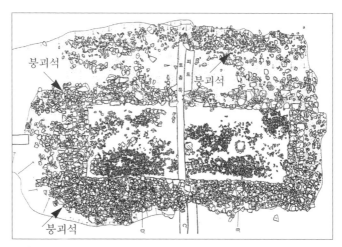

그림 259 _ 연기 운주산성 석벽건물 붕괴석 〈통일신라〉

(公州大學校博物館, 1998, 『燕岐 雲住山城』, 27쪽 도면 5)

시설 등이 검출되면 이를 석벽에까지 연계시켜 초석이나 적심석 등이 남아 있는지를 파악해 본다. 이럴 경우 초석이나 적심석이 놓이는 부분의 석벽은 공동(空洞)으로 나타나는 것이 일반적이다. 또한 석벽의 하부(보강) 시설을 파악키 위한 구덩이 조사를 실시해 본다.

아울러 석벽건물은 벽체 자체가 석재로 이루어졌기 때문에 토벽에 비해 많은 하중이 요구된다. 그러므로 조사의 완료 단계에서 기단토 및 대지조성토의 축토관계를 파악해 보기 위한 구덩이 조사가 필요하다.

한편, 남한산성 석벽건물지에서와 같이 석벽 사이에 판축토나 성토다짐된 토양이 채워진 경우도 살필 수 있다. 그러나 벽면 내외를 석재로 치장하였다는 점에서 석벽건물로 부르고 있다. 이러한 건물 벽체의 축조상태를 보면 먼저 토벽을 쌓고 그 다음 내·외면을 'ㄴ'자 모양으로 절토한 후 절개

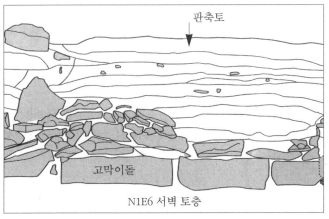

그림 260 _ 남한산성 대형건물지 석벽 사이의 판축토
(한국토지주택공사 토지주택박물관, 2010, 『南漢行宮址 第7·8次調査報告書』, 71쪽 도면 10 중)

면에 석벽을 쌓고 있다. 석벽과 토벽의 굴광선 사이에는 토양이나 작은 할석 등을 채워 간극을 메꾸어 주고 있다.

석벽건물은 지상뿐만 아니라 반지하의 상태에서도 조성되어 제토 과정에서는 수혈유구로 살펴질 수 있다. 따라서 조사 중에 붕괴된 석재더미를 보면 석벽 건물로 이해하고 벽면에서의 석재가 유실되지 않도록 조사에 만전을 기한다.

또한 석벽건물은 기와집 외에 초가집에도 사용되었음을 살필 수 있다. 부여 화지산 내 백제 건물지를 보면 조사 당시 북벽과 서벽이 남아 있었으며 그 내부에서는 아궁이와 철경, 자물쇠 등이 수습되었다. 자물쇠와 아궁이 등이 확인된 것으로 보아 생활유구로 추정되었으며 앞에서 서술한 창고와는 성격이 다름을 알 수 있다.

▌최근의 석벽건물

그림 261 _
아산 영인면 아산리 석벽건물
(필자사진)

그림 262 _
아산 영인면 아산리 석벽건물
(필자사진)

그림 263 _
서산 개심사 경내 석벽건물
〈창고〉
(필자사진)

그림 264 _
서산 개심사 경내 석벽건물
〈창고〉 세부
(필자사진)

9. 고맥이

기와건물은 벽체를 시설하기 위해 기둥과 인방이 사용된
다. 인방은 그 위치에 따라 상인방, 중인방, 하인방 등으로
불린다. 그런데 기와건물의 경우 하인방 아래로 고맥이라
부르는 보강재를 시설하는 것이 있는 반면, 그렇지 않은 경
우도 살필 수 있다. 여기에서는 고맥이가 사용된 건물지를
중심으로 살펴보고자 한다.

인방 중 가장 아래에 위치하고 있는 하인방은 목재로 이
루어져 토벽(흙벽)의 하중에 의해 아래로 쳐질 수 있다. 고
맥이는 이러한 목재의 쳐짐 현상을 방지하는 것으로 기단토
상면에 조성된다. 발굴조사 과정에서는 초석과 초석사이에
길게 띠를 이루며 나타나게 된다. 하지만 부여 능산리사지
서회랑 북단건물지(일명 공방지Ⅰ)에서처럼 징검다리 형태
로 조성된 것도 살필 수 있다.

그러나 대부분의 발굴조사에서는 이러한 고맥이가 확인

그림 265 _
김제 금산사 미륵전의
하인방과 고맥이
〈조선〉
(필자사진)

되지 않는 경우도 많다. 즉, 건물지 내부에서 초석이 유실되고 적심석 만 남아 있는 경우 이러한 곳에서는 고맥이의 존재를 찾기 힘들다. 왜냐하면 고맥이는 위치면에서 기단토 상면에 조성되고 초석과 거의 같은 레벨이나 이보다 훨씬 높게 조성되기 때문이다. 따라서 초석과 기단토 상면이 유실되었다면 고맥이도 함께 멸실된 것으로 이해하여야 한다. 다만, 고맥이를 조성하기 위한 고맥이 적심이 조성될 수 있기 때문에 향후 조사 말미에 이의 확인을 위한 구덩이 조사가 필히 요구된다.

　발굴작업 중 기단석 내부의 제토 작업시 일정한 석렬이나 와열이 초석과 연결되어 있으면 일단 고맥이로 판단하고 꽃삽이나 긁개 등을 이용해 정밀 작업한다. 토석(土石)이나 토와(土瓦) 등으로 혼축(混築)되었지만 접착력이 약한 곳도 있어 작업 진행 중에 할석이 제거될 수도 있으므로 주의한다. 평면상으로는 고맥이로 사용된 석렬이나 와열 사이에 초석(적심석)이 위치한 모습을 하고 있다.

　고맥이는 장대석으로 조성되거나 소형의 할석, 혹은 기와

편이 점토와 혼축되어 만들어진다. 아울러 여주 회암사지에
서와 같이 전적 고맥이도 살필 수 있다. 이는 그 만큼 고맥이
의 재료로 다양한 물질이 사용되었음을 보여준다. 특히 장
대석 고맥이의 경우는 규모가 크고 면을 다듬었다는 점에서
권위있는 건물에 사용되었음을 추정케 한다. 아울러 고맥이
는 모두 유실된 채 고맥이 적심 만 남아있는 경우도 있으므
로 기단토 조사 시 토층변화에 주의를 기울인다.

　고맥이는 동일 건물지에서도 서로 다르게 나타날 수 있으
므로 평·단면도 작성시 유의한다. 아울러 경사면에 기와건
물을 조영할 시 많은 노동력의 소요로 인해 굴착작업이 불
가능할 경우 자연 경사면을 이용하면서 레벨에 맞게 기둥의
높이를 달리하게 된다. 이럴 경우 고맥이는 경사면 위에서
아래로 내려오며 그 높이가 점차 높게 축조되어 벽체 하부
의 하인방 높이를 수평하게 해주는 역할도 담당한다.

▌고맥이 적심
　초석을 받치는 적심과 같이 고맥이를 지탱해 주는 역할을
한다.

그림 266 _
회암사지 설법전지 고맥이
적심
(경기도 외, 2003, 『檜巖寺Ⅱ
7·8단지 발굴조사 보고서』,
76쪽 도판 27-②)

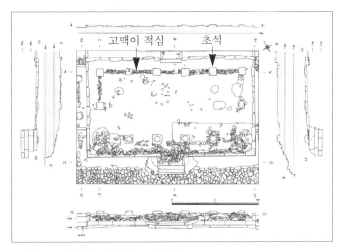

그림 267 _ 회암사지 설법전지 고맥이 적심

(경기도 외, 2003, 『檜巖寺 II 7·8단지 발굴조사 보고서』, 77쪽 그림 20)

▌장대석 고맥이

다듬어진 장대석을 이용하여 고맥이를 사용하는 경우

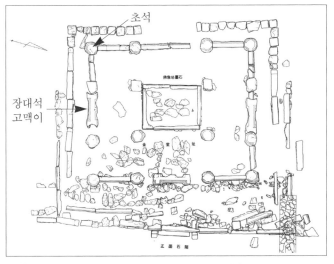

그림 268 _ 울주 간월사지 금당지 장대석 고맥이 〈통일신라〉

(東亞大學校博物館, 1985, 『蔚州澗月寺址』 I , 49쪽 도면 4)

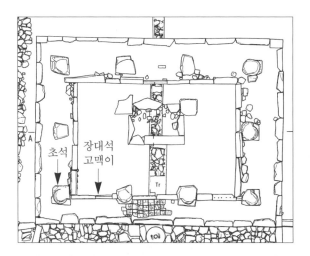

그림 269 _

회암사지 대장전지 장대석
고맥이

(경기도 외, 2003, 『檜巖寺Ⅱ
7 · 8단지 발굴조사 보고서』,
58쪽 그림 12)

그림 270 _

강은사지 강당지 장대석
고맥이
〈통일신라〉

(필자사진)

• 장대석 고맥이의 복원

그림 271 _

장대석 고맥이 복원
〈아산 아산리 여민루, 조선〉

(필자사진)

■ 할석 고맥이

할석을 이용하여 고맥이를 조성하는 경우

그림 272 _

구룡사지 4건물지 할석
고맥이
〈고려〉

(공주대학교박물관, 2005,
『發掘遺蹟과 遺物』, 301쪽)

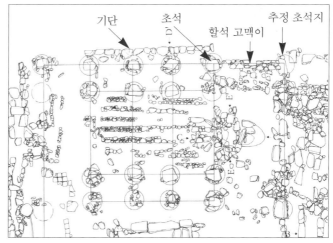

그림 273 _ 천황사 II-1건물지 할석 고맥이 〈조선〉

(영암군 · 순천대학교박물관, 2005, 『靈巖 天皇寺』 II, 39쪽 도면 4)

▌토석(土石) 혼축 고맥이

그림 274 _
동대문운동장 부지 내 건물지
토석 혼축 고맥이
〈조선〉
(필자사진)

▌토와(土瓦) 혼축 고맥이

완형 기와나 와편을 이용하여 고맥이를 조성하는 경우

그림 275 _
동대문운동장 부지 내 건물지
토와 혼축 고맥이
〈완형수키와, 조선〉
(필자사진)

그림 276 _
동대문운동장 부지 내 건물지
토와 혼축 고맥이
〈기와편, 조선〉
(필자사진)

▌전적 고맥이

전을 고맥이로 사용한 것으로 그 사례가 많지 않다.

▌강회 고맥이

강회를 이용하여 고맥이를 조성하는 경우

고맥이

▌회석(灰石) 혼축 고맥이

강회와 할석을 혼축하여 고맥이로 사용하는 경우

그림 279 _
마곡사 천왕문 회석 혼축
고맥이
〈조선〉
(필자사진)

■ 경사진 지형에서의 고맥이

그림 280 _
태안 흥주사 만세루 고맥이
〈조선〉
(필자사진)

　　한편, 기와건물지 중 건물의 바닥면이 지상에서 완전 떠
있는 경우나 산신각이나 칠성각 등과 같이 소형의 기와건물
로 조성된 경우에는 이러한 고맥이를 살필 수 없다. 그러나
고맥이가 없는 경우 시간이 오래 지나면 출입문에 해당되는
하인방 부분부터 약간씩 침하됨을 살필 수 있다.

■ 고맥이가 시설되지 않은 경우

그림 281 _
공주 공산성 내 공북루
〈조선〉
(필자사진)

그림 282 _
고창 선운사 산신각
(하인방이 약간 처져 있음.
필자사진)

10. 생활면(구지표면)

생활면은 인간이 생활하기 위해 밟고 다닌 지표면을 의미
한다. 따라서 건물지 조사에 있어 가장 중요한 부분에 해당
된다. 생활면은 기단토 외부의 토층조사나 기단석의 치석
(治石) 정도를 통해 확인할 수 있다. 즉, 생활면은 사람이 밟
고 다니면서 상대적으로 지면이 단단해진다거나 우수에 의

해 사질토가 많이 혼입되어 있다는 특징이 있다. 특히 유기물이 많이 포함되어 있는 경우 생활면은 흑색을 띠게 된다.

기와건물지의 기단 상면으로 와적층이 분포되어 있는 경우 생활면은 와적층 바로 아래에 위치하게 된다. 이런 경우에는 와적층을 제거하는 것이 1단계이고 와적층이 제거되면 2단계의 작업으로서 바닥면을 정리하지 말고 기단석과 접해 외곽으로 구덩이를 설치하여 토층상태를 살핀다. 이를 통해 와적층 아래에 위치하고 있는 생활면의 잔존 상태를 살펴본다.

만약, 와적층을 제거하고 그 아래의 바닥면을 긁개 등을 이용하여 깨끗하게 정리하면 생활면도 함께 깨끗하게 유실될 가능성이 매우 높다. 따라서 토층 단면을 통해 생활면의 상태를 살피고 이에 따라 평면 작업을 실시하는 것이 타당하다.

건물지 조사 시 초석이 유실된 채 적심석만 드러나 있거나 기단석이 모두 멸실된 경우에는 생활면 역시 유실되었을 가능성이 높다. 적심석만 노출된 경우 이들 유구가 위치한 면은 기단토 혹은 대지조성토이므로 적심석을 세워둔 채 지

그림 283 _
생활면 위에 형성된 와적층
〈여주 영릉 재실유적, 조선〉
(기호문화재연구원, 2009,
『驪州 英陵 齋室遺蹟』)

면을 제토하지 않도록 한다.

　아울러 기단석이 일부만 유실되었을 경우에는 이를 관통하여 토층조사를 실시한다. 토층상에서 생활면으로 살필 수 있는 면이 존재하는지 확인해 보고 만약 유실되었다고 판단될 경우에는 더 이상의 제토작업을 실시하지 않는다. 필요한 세부 작업은 절개작업으로 마무리한다.

　아울러 탑이나 석등, 부도 등 사지에서의 생활면 확인은 전술한 석물의 지대석을 통해 어느 정도 살필 수 있다. 즉,

그림 284 _
와적층 제거 후의 생활면
〈여주 영릉 재실유적, 조선〉
(기호문화재연구원, 2009,
『驪州 英陵 齋室遺蹟』)

그림 285 _
토층둑에서 본 생활면
〈여주 영릉 재실유적
상-1건물지, 조선〉
(기호문화재연구원, 2009,
『驪州 英陵 齋室遺蹟』)

생활면(와적층 아래)

그림 286 _
토층둑에서 본 생활면
〈와적층 아래, 오산 지곶동사
지, 고려〉
(기호문화재연구원, 2010,
『烏山 紙串洞遺蹟』)

지대석을 보면 생활면(지표면)에 묻히는 부분은 치석을 하
지 않고 거칠게 남겨놓은 반면, 육안으로 노출되는 부분은
곱게 치석해 놓았다. 따라서 치석된 부분과 그렇지 않은 부
분의 경계면을 건축물의 생활면으로 보면 큰 무리가 없다.

선축된 기와건물
지를 폐기하고 주변
에 새로운 건물을 신
축할 경우 선축(先

그림 287 _ 신륵사 3층석탑 생활면 〈고려〉
(필자사진)

그림 288 _ 신륵사 3층석탑 생활면 세부
(필자사진)

그림 289 _
토층둑에서 본 생활면
〈기와 · 토기 · 백자 등의
폐기물이 혼입된 대지조성토
윗면, 여주 영릉 재실유적〉
(기호문화재연구원, 2009,
『驪州 英陵 齋室遺蹟』)

築)된 기와건물의 폐기물(기와, 벽체, 석재 등)은 신축 건물
의 대지조성토로도 사용된다. 그리고 이 폐기물 위에 고운
사질토 등을 깔아 생활면으로 사용하는 경우도 기와 건물지
에서 흔히 살필 수 있다.

생활면 위에서 수습되는 유물은 폐기장에서 출토되는 유
물과 건물지 편년 설정 측면에서 차이가 있다. 생활면에서
수습되는 유물이 해당 건물지의 사용 시기를 밝혀줄 수 있
다면, 폐기장에서 수습되는 유물은 해당 유적의 사용 시기를
판단해 준다. 따라서 각각의 건물지에 대한 편년을 고려한
다면 건물지의 기단토와 대지조성토, 그리고 생활면에서 수
습되는 유물들을 상대 측정하여 살펴보아야 한다.

11. 낙수면과 산수시설

기와 지붕에 비가 내리면 이것이 지표면(생활면)에 떨어
져 낙수면(落水面)을 형성하게 된다. 이는 기단의 끝단에서

대체로 20~30cm 내외 혹은 1m 안쪽에 위치하고 있으며 층위상으로는 굵은 사질토가 형성되어 있다. 따라서 건물의 기단이 검출되면 생활면을 찾기 위한 탐색 구덩이의 단면작업이 요구되고 이 과정에서 낙수면을 찾아보는 것이 필요하다. 낙수면은 건물 복원 시 지붕 처마의 길이나 지붕 형태 등을 결정짓는 중요한 요소이기 때문에 조사 과정에서 이것이 유실되지 않도록 정밀한 작업이 요구된다.

낙수면은 지붕의 형태에 따라 달리 나타나고 있다. 즉, 팔작지붕의 경우는 낙수면이 곡면으로 나타나는 반면, 맞배지붕의 경우는 일직선상으로 형성되고 있다. 물론 처마의 형태(홑처마, 겹처마)에 따라서도 낙수면의 범위가 기단석에서 가깝거나 혹은 멀어질 수 있지만 실재 현장에서 보면 큰 거리 차가 나타나지 않고 있다.

그러나 백제시대 기와건물 중 하앙식 건물의 경우는 지붕이나 처마의 형태와 무관하게 기단석에서 멀리 떨어져 낙수면이 형성되고 있음을 살필 수 있다.

1) 하앙식 건물의 낙수면

하앙이란 처마의 길이를 좀 더 길게 내밀 수 있게 시설된 건축부재로 우리나라의 경우 현재 전북 완주 화암사 극락전이 유일하다. 백제 조사공에 의해 창건된 일본 법륭사 금당이나 5층목탑으로 보아 백제시대에 유행한 건축형식으로 생각된다. 보통 주심포나 다포식 건물의 경우 낙수면은 기단 끝선으로부터 약 30cm 이내에서 형성되나 하앙식 건물은 이 보다 훨씬 더 먼 거리에서 낙수면이 결정된다.

따라서 백제시대 기와건물을 조사할 경우 낙수면이 기단
끝선으로부터 50cm 내외 정도의 먼 거리에서 형성될 때에
는 하앙식과 같은 건축형식도 고려해 보아야 할 것이다. 아
울러 주심포나 다포식, 하앙식의 경우 모두 지붕은 팔작지붕
일 수 있고 이럴 경우 낙수면은 활처럼 곡면으로 나타나게
되므로 생활면 조사를 주의 깊게 진행하도록 한다.

그림 290 _
공주 공산성 내 복원 임류각
〈하앙식 건물〉
(필자사진)

그림 291 _
백제역사재현단지 내 능사
대웅전 하앙 부재
(필자사진)

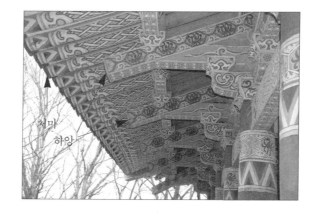

그림 292 _
공주 공산성 내 임류각 하앙
부재
(필자사진)

하앙

그림 293 _
공주 공산성 내 임류각
낙수면
(필자사진)

낙수면

그림 294 _
천안 광덕사 산신각
〈다포식, 팔작지붕〉
(필자사진)

그림 295 _
천안 광덕사 산신각 낙수면
〈다포식, 팔작지붕〉
(필자사진)

낙수면

기단석 ——

2) 맞배지붕의 낙수면과 산수시설

팔작지붕이 활처럼 곡면으로 낙수면이 형성되는 반면, 맞
배지붕의 경우는 직선으로 나타난다.

일부 건물에서는 우수로부터 기단이나 생활면을 보호하
기 위해 돌이나 전, 혹은 기와 등을 기단 밖에 정연하게 깔아
놓는 경우가 있다. 이를 산수(散水)라 하며 삼국시기 건물지

그림 296 _
공산성내 명국삼장비각
〈맞배지붕〉
(필자사진)

부터 살펴지고 있다. 특히 돌을 이용한 경우 다듬어진 판석, 할석 등을 사용하고 있다.

산수는 기단과 접해 있거나 생활면 위 한정된 범위에만 깔려 있기 때문에 제토 과정상에서 어렵지 않게 살필 수 있다. 조사 말미에 산수의 중복 상태를 파악하기 위한 절개작업이 필요하다.

그림 297 _ 공산성 내 명국삼장비각
〈맛배지붕〉 (필자사진)

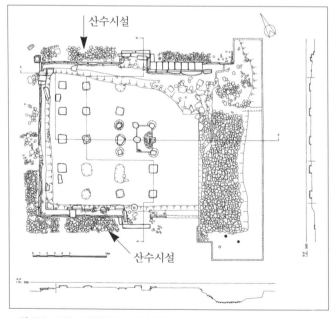

그림 298 _ 미륵사지 중원 금당지 〈백제〉
(國立扶餘文化財研究所, 1996, 『彌勒寺』, 419쪽 도면 36)

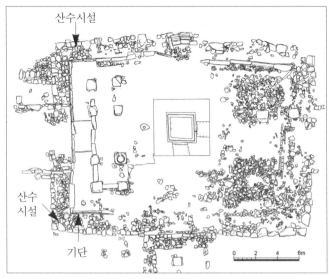

그림 299 _ 여주 고달사지 1건물지 산수시설 〈통일신라〉

(京畿道博物館 외, 2002,『高達寺址』Ⅰ, 도면 8)

그림 300 _ 대전 상대동 건물지 〈고려〉

(필자사진)

그림 301 _ 대전 상대동 건물지 〈고려〉

(필자사진)

그림 302 _ 법륭사 금당지 산수시설 〈비조〉   그림 303 _ 법륭사 목탑지 산수시설 〈비조〉
　　　　　　　（필자사진）　　　　　　　　　　　　　　　　（필자사진）

12. 배수시설

배수구는 흔히 건물지의 처마 아래나 이의 외곽에 시설되는 것이 일반적이다. 배수량에 따라 배수구의 규모도 달리 조성된다. 배수구는 흔히 석재로 조성되는 것이 많으나 기와로 만들어진 것도 살필 수 있다.

발굴조사를 진행하다보면 하나의 배수구를 사이에 두고 두 건물지가 마주보는 경우가 있다. 이는 지붕의 높낮이를 달리하여 지붕이 높은 건물에서 낮은 건물로 빗물이 떨어지고 이는 다시 배수구로 낙수(落水)케 한 것이다.

우수가 모이는 중정(中庭)에서의 배수구는 암거 형태로

축조되는 경우가 적지 않다. 따라서 건물지의 중정을 조사
할 경우에는 육안으로 배수시설이 확인되지 않더라도 건물
의 정면 방향과 직교하게 트렌치 조사를 실시할 필요가 있
다. 이는 배수시설이 건물지의 기본 방향에서 볼 때 위에서

그림 304 _
평택 용죽지구 내 건물지
중정
〈고려〉
(한얼문화유산연구원)

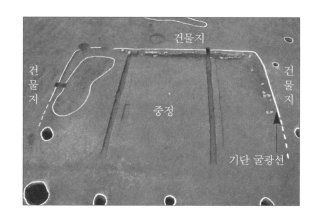

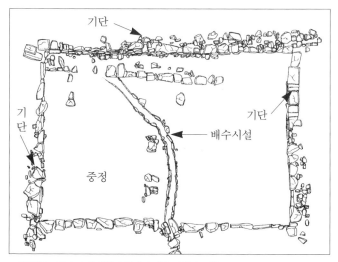

그림 305 _ 주미사지 건물지 중정과 배수시설 〈조선〉
(公州大學校博物館, 1999, 『舟尾寺址』, 61쪽 도면 24)

아래로 시설되기 때문에 같은 방향으로 구덩이 조사를 하면 확인하지 못하는 경우가 발생하므로 이와 직각되게 설치하여야 한다.

　아울러 건물을 감싸는 담장이 시설되어 있을 경우에는 담장지의 하단부를 주의 깊게 살펴볼 필요가 있다. 이는 건물 내부의 우수를 건물 외부로 배수하기 위해선 담장을 통과할 수밖에 없기 때문이다. 담장지에서의 배수구는 생활면과 동

그림 306 _
평택 지산동 건물지 담장
아래 배수시설
〈고려〉
(中原文化財研究院, 2006,
『平澤 芝山洞遺蹟』, 159쪽 사진
13)

그림 307 _
담장 아래에 배수구가 조성된
경우
(보령 성주사지 관리사무소,
필자사진)

일한 층위에 형성되기 때문에 평면작업을 통해 확인할 수 있다. 만약 층위파악이 어려우면 담장지에 잇대어 구덩이를 조성하여 생활면에 대한 토층조사를 실시한 후 확장조사 한다.

끝으로 수량이 많은 지역의 경우 건물지 외곽의 배수구는 흔히 곡간부가 위치한 곳에서 살필 수 있다. 이는 산에서 내려오는 우수를 건물지 외곽으로 유도하여 직접적인 수해에서 벗어나고자 시설하는 것이다. 따라서 이러한 유구의 존재를 파악키 위해서는 건물지의 방향과 직각이 되게 구덩이 조사를 하는 것이 필요하다. 아울러 이 과정에서 배수시설의 규모가 크게 확인되면 이곳에 목교나 석교가 있을 가능성을 염두하고 조사를 진행하여야 한다. 예컨대 백제 사비기의 부여 능산리사지에서는 이러한 목교와 석교가 함께 확인된 바 있다. 특히 목교의 경우는 그 존재가 극히 희귀하고 보존처리와 같은 응급조치가 필요하므로 관계 전문가의 도움을 받아야 할 것이다.

13. 담장지

담장지는 축조기법에서 그 특징이 분명하여 쉽게 파악할 수 있으나 하나의 건물지에서도 여러 개의 담장지가 확인되어 시기나 순서를 알기 위한 토층조사가 무엇보다도 필요하다. 담장은 외관상으로 볼 때 주재료가 할석이나 기와도 일부 확인되며, 협축으로 조성된다.

대형 건축유적에서 담장을 조성할 경우 마치 석성, 읍성 등에서처럼 작업구역이 설정될 수 있다. 따라서 발굴조사 중 이의 경계면 확인이 필요하다.

■ 담장지 발굴 사례

그림 308 _
공산성 내 담장지
〈조선〉
(필자사진)

그림 309 _
대전 상대동 SD1 건물지
담장지
〈고려〉
(필자사진)

그림 310 _
대전 상대동 SD2 건물지
담장지
〈고려〉
(필자사진)

작업분담
경계면

• 담장지 복원

그림 311 _
황룡사지 담장 복원
(필자사진)

그림 312 _
부여 백제역사재현단지 내
담장 복원
(필자사진)

　　석축의 경우 양 석재 사이에는 기와나 토기, 흙, 소형 할석 등이 혼축되어 나타난다. 그리고 담장의 상면에 기와를 올려두는 경우도 있으므로 평면 제토시 유물의 출토 상황을 주의하여야 한다.

　　건물이 폐기되면서 대부분의 담장도 생활면까지 붕괴되기 마련이다. 따라서 건물지 조사과정 중 생활면에서 담장지의 축조기법을 살피기란 그리 쉽지 않다. 이럴 경우에는 담장지와 잇대어 구덩이를 조성하여 축기부를 어떻게 처리하였는지, 그리고 축석을 어떠한 방법으로 하였는지 확인한다. 이 과정에서 출토되는 유물은 적어도 담장지보다 선행하는 것이므로 담장지의 생활면에서 수습된 유물과 상대 비교하여 그 시기를 유추해 본다.

조사의 마지막으로 담장지의 축조기법을 파악하기 위해 담장지를 관통하는 구덩이 작업이 필요하다. 이를 통해 담장지에 사용된 석재의 축석기법, 그리고 이의 기초부를 어떠한 방법으로 굴광 혹은 조성하였는지 파악해 본다.

한편, 담장은 건물의 안과 밖을 구별해 주는 역할 뿐만 아니라 한 집에서도 건물과 건물 사이에 조성되고 있다. 이는 담장이 폐쇄적 공간을 이루는 경계이면서 한편으로는 내외를 출입시키는 출입구의 역할도 병행하고 있음을 의미한다. 따라서 담장지 조사 시 어느 한 부분이 깨끗하게 절개되어 있다면 이를 문지로 추정해 보고 절개된 부분에 문지의 초석이나 적심석 등이 조성되어 있는지 꼼꼼히 살펴본다. 아

그림 313 _
공산성 내 담장지 사이에
조성된 문지
〈조선〉
(필자사진)

그림 314 _

담장 사이의 문지 복원 모습

(예산 대흥면 관아 건물,

필자사진)

울러 절개된 부분이 문지로 확인된다면 이는 사람의 통행이
이루어진 생활면일 수 있기 때문에 표면 제토 시 주의를 기
울인다.

14. 축대시설과 화계

축대는 경사진 곳에 대지를 조성할 경우 필연적으로 시설
되는 유구이다. 대부분 할석을 이용하여 축조하기 때문에

그림 315 _

대전 상대동 SD1 건물지 축대

〈고려〉

(필자사진)

유구 조사 과정에서 쉽게 살필 수 있다. 축대는 그 내부에 성토가 이루어져 대지조성토를 형성하기 때문에 축대와 대지조성토간의 조성관계를 살필 수 있는 토층 확인작업이 필요하다. 이는 대지조성토로 사용된 토양의 성질 및 축토기법, 그리고 축대 내부의 보강기법을 살필 수 있다는 점에서 꼭 필요한 작업이다. 아울러 축대 하부의 경우 많은 하중을 받기 때문에 미석 아래의 세부 작업을 통해 보강시설 및 축토관계를 살펴보아야 한다.

그림 316 _
남한산성 내 침괘정 후면
화계
〈조선〉
(필자사진)

그림 317 _
남한산성 내 침괘정 후면
화계 세부
〈조선〉
(필자사진)

한편, 축대 중 산 경사면을 층단식으로 절개하고 그 단애면에 석축한 화계의 존재도 살필 수 있다. 치석된 장대석을 사용거나 할석을 이용하여 축조하고 있다. 건물지와 인접한 후방의 산경사면에 조성하기 때문에 외관상으로도 파악이 가능하다. 건물지 후면에 화계가 조성된다는 점에서 전술한 건물지 전면의 화단과는 차이가 있다.

화계에는 일반적으로 화초나 나무 등을 심어 놓기 때문에 이에 따른 화분분석도 필요하리라 생각된다. 그리고 화계의

그림 318 _
부여 백제역사재현단지 내
화계 복원
(필자사진)

그림 319 _
부여 백제역사재현단지 내
화계 복원
(필자사진)

규모가 클 경우 강화 용흥궁에서처럼 경사면을 따라 계단을 조성하고 있다. 따라서 지표조사 과정을 통해 산 경사면에서의 석렬이 확인되면 화계의 가능성에 염두를 두고 제토작업 시 장비 사용에 주의를 기울인다.

15. 계단

기와건물지에서의 계단은 기단이 높을 경우 흔히 살필 수 있다. 외벌대의 단층기단처럼 그 높이가 낮을 경우에는 이러한 계단 유구를 찾아보기 어렵다. 따라서 발굴조사 중 이중기단이나 가구식기단 등이 확인되면 기단에서의 계단지를 확인해 볼 필요성이 있다. 아울러 층단식으로 건물이 배치될 경우에도 계단이 시설되었을 가능성이 높으므로 이의 존재 파악에 중점을 둔다.

그 동안 발굴을 통해 드러난 계단 유구를 중심으로 그 위치 및 축조기법 등을 살펴보고자 한다.

그림 320 _
오산 지곶동사지 금당지
계단지
〈고려〉
(필자사진)

사지에서의 계단은 중문, 탑, 금당, 강당 등 대부분의 전각에서 확인할 수 있다. 육안으로 관찰되는 계단은 조사상 큰 어려움이 없으나 계단에 사용된 대부분의 석재가 반출된 경우에는 이의 확인조사가 쉽지 않다.

계단은 기단과 접해 외부로 돌출되어 있거나 혹은 기단 내부에 포함된 경우가 있으며 위치상으로는 기단의 중앙 혹은 좌우변에 치우쳐 있다. 아울러 계단을 시설하기 위해선

그림 321 _
성주사지 금당지 남면 계단
(필자사진)

그림 322 _
성주사지 금당지 서면 계단
소맷돌
(필자사진)

그림 323 _
칠장사 대웅전 계단 소맷돌
(필자사진)

법수석

그림 324 _
감은사지 금당지 계단 법수석
구멍
〈통일신라〉
(필자사진)

치석된 소맷돌이나 장대석 등이 여러 매 필요하기 때문에
이의 출토 위치를 유심히 관찰할 필요가 있다. 혹 치석된 석
재를 사용하지 않았을 경우에는 기단과 접해 있는 돌무지를
의심해 볼 필요가 있다.

　계단은 흔히 기단 외부의 와적층과 중복되는 경우가 많
다. 이는 기와지붕의 붕괴와 밀접한 관련이 있기에 이럴 경
우 와적층을 제거하고 무너진 계단석들을 걷어낸 후 계단의

그림 326 _

불국사 연화교, 칠보교 아래
법수석

(불국사 홈페이지)

그림 325 _

불국사 백운교, 청운교 아래
법수석

(불국사 홈페이지)

잔존부를 노출시킨다. 계단석이 모두 유실되었을 경우에는
계단을 시설하기 위해 굴광해 놓은 구(溝)나 공(孔)이 있으
므로 평면작업을 통해 이의 형적을 확인한다.

한편, 통일신라기의 경우는 감은사지나 불국사(연화교,
칠보교, 백운교, 청운교), 사천왕사지 등에서처럼 계단 지대
석의 좌우에 법수석을 꽂아놓은 경우도 살필 수 있다. 이 때

법수석의 하단은 평면 원형으로
정교하게 치석되어 있다. 아울러
다보탑의 계단 아래 좌우에도 이
러한 법수석이 꽂혀 있는 것으로
보아 통일신라기 당탑 및 주요 건
물의 계단 아래에 주로 시설되었
음을 판단해 볼 수 있다.

    따라서 통일신라기 당탑 및 주
요 건물의 계단지를 조사할 경우
에는 계단 하부의 좌우에서 이러
한 법수석을 꽂기 위한 구멍이 뚫
려 있는지 확인해 볼 필요가 있다.

그림 327 _ 국립경주박물관의 다보탑 모형
(필자사진)

16. 화장실

    기와건물지는 지배계층과 관련된 건축물이기 때문에 화
장실의 존재가 필수적이다. 그러나 지금까지 발굴조사를 진
행하는 과정에서 기와건물지에서의 화장실 존재는 많이 알
려진 바 없다.

    화장실 유구의 성격 파악은 또 한편으로 자연과학분석을
필요로 하기 때문에 이러한 작업을 거치지 않았을 경우 유
구의 성격을 인식하지 못하고 지나칠 가능성이 매우 높다.
따라서 현재 남아 있는 조선시대 양반가 주택을 견본으로
하여 화장실의 위치 등을 검토해 볼 필요가 있다. 여기에서
는 익산 왕궁리유적에서 확인된 백제시대의 대형 화장실을
자료삼아 이의 축조형태와 구조 등을 살펴보고자 한다.[9]

9) 國立扶餘文化財硏究所,
   2006, 『王宮里 發掘中間
   報告』V.

화장실의 평면은 (세)장방형으로 좁고 길게 조성되었으며 바닥에는 상부 가구 및 칸막이 시설을 위한 기둥이 박혀 있다. 기둥과 벽면 사이에는 인분에서 생긴 수분과 외부에서의 유수를 차단시키기 위해 점토를 두텁게 발라 놓았다. 화장실 내부의 층위는 바닥면의 경우 대개 뻘층이 형성되어 있는데 이는 인분과 우수로 인해 생겼음을 알 수 있다. 아울러 화장실 내부에 필요 이상의 물이 들어찰 경우 이를 배수시키기 위한 배수로가 마련되어 있으며 이는 석축배수로와 연결되어 있다.

한편, 화장실은 그 용도가 폐기되었을 경우 혐오시설이 되기 때문에 인위적인 매몰이 요구된다. 그럴 경우 내부 매몰토에서 다양한 와, 토·자기, 석재, 목재(상부 가구재, 발판, 목제 고판 등) 등이 일정한 층위 없이 서로 혼입되어 검출된다. 특히 목재의 경우 보존처리가 필요하기 때문에 관계 전문가의 자문도 요구된다. 그러나 대형 사찰이 아닌 소규모의 경우는 이러한 노동력을 필요치 않는 항아리(甕)의 설치 등도 가능하다. 그럴 경우 벽이나 문 시설 등을 위한 항

그림 328 _
일본 등원경 화장실 조사 모습
(朝日新聞社, 2002, 『飛鳥·藤原京展』, 161쪽)

아리 주변에서의 주공(柱孔) 확인 등이 필요할 것이다.

조사는 유구의 규모에 따라 탐색 구덩이를 설치하여 토층 확인 및 유물 출토 상황을 관찰한다. 이후 확장조사를 실시하면서 점차 하강하여 제토작업을 실시한다. 유물의 경우 매몰토에 포함된 것은 사진이나 도면에 기록한 후 수습하고

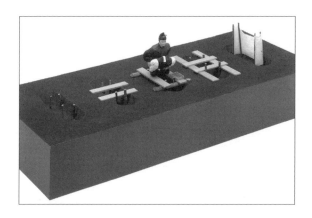

그림 329 _
일본 등원경 화장실 복원
(朝日新聞社, 2002, 『飛鳥 · 藤原京展』, 160쪽 그림 134)

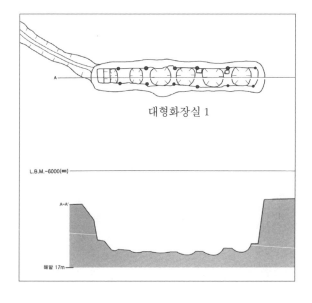

그림 330 _
익산 왕궁리유적 대형화장실
1 평 · 단면도
〈백제〉
(國立扶餘文化財硏究所, 2006, 『王宮里 發掘中間報告』 V, 257쪽 도면 19)

대형화장실 1

L.B.M.-6000(㎜)

A-A'

해발 17m

동서석축
배수로

배수로

화장실

작업을 계속 진행한다. 바닥면은 상부에서의 칸막이시설로
인해 굴광 등의 작은 수혈이 있을 수 있으므로 향후 기둥이
나 주공과의 거리를 측정해 복원시 화장실의 규모를 측정해
본다.

17. 중복된 유구 조사

기와건물지를 조사하다보면 대개 단독적으로 조성된 사
례보다는 상하좌우 중복되어 있음이 확인된다. 이는 건물의
확장이나 축소, 혹은 보축 등의 행위로 인해 생겨나고 있다.
기단토를 정리하면서 하층 건물지의 기단이나 적심석 등의
존재가 드러날 가능성이 높으나 상층 건물지의 기단토나 대
지조성토 등을 확인하는 토층작업에서 살필 수 있다.

중복된 상층 건물지의 경우 대부분 하층 건물지를 정지하
고 조성하는 것이 일반적이기 때문에 탐색 구덩이를 통해
하층 유구의 잔존 여부를 파악해 보아야 한다. 이럴 경우 기

그림 332 _
여주 영릉 재실유적
〈중복 관계 확인을 위한
트렌치 작업, 조선〉
(필자사진)

단토에 사용된 다짐토(혹은 판축토)의 차이나 와적층, 기단
석, 적심 등의 존재를 관찰하여 상·하층 건물지의 층위를
확인하여야 한다. 아울러 하층 건물지의 경우 적심석이나
기단석 등이 완전 멸실되기 어렵기 때문에 상층 건물지의
토층둑을 남겨 두면서 하강작업을 실시하여야 한다. 이 과
정에서 검출되는 유물은 하층 건물지의 폐기 및 상층 건물
지의 초축과 밀접한 관련이 있기 때문에 층위에 따른 유물
의 수습이 필요하다. 만약, 상층 건물지의 기단토에서 17세
기의 백자가 수습된다면 상층 건물지의 편년은 상한이 17세
기 이후가 될 것이고 하층 건물지는 하한이 17세기가 될 수
있다.

　제토 작업이 완료된 상태에서는 상층과 하층의 건물지를
기단토와 더불어 도면 작성하고 건물의 배치 등을 최종적으
로 파악해 본다. 상층 및 하층 건물지의 기단토를 명확히 이
해하고 유물을 수습하여야 되기 때문에 탐색 구덩이 작업
후 토층조사가 무엇보다도 중요하다.

　아울러 유구의 학술성이나 문화재적 가치를 고려하여 상

층 건물지를 제거하고 하층 유구를 노출시킬 경우 사전에 확인된 층위를 중심으로 제토를 실시한다. 이 때 유물이 출토된 층위가 매우 중요하기 때문에 층위에 따른 유물 수습에 주의를 기울여야 한다. 그렇지 않을 경우 해당 건물지와 유물의 편년이 달라져 전체적인 건물지의 편년에 오류를 불러일으킬 수 있다.

한편, 건물지가 상하층이 아닌 병렬로 나란하게 배치되어 있을 경우 이의 선후관계를 살피기란 전자에 비해 훨씬 더 까다로운 작업방법이 요구된다. 즉, 동일 생활면으로 판단되는 층위상에 두 동의 건물지가 나란하게 배치되었을 때 이의 선후 관계를 파악하기 위해선 두 건물지의 기단을 관통시키는 토층 구덩이조사가 필요하다.

구덩이의 깊이는 대지조성토 아래까지 탐색하여 아래에서부터의 층위관계를 살펴본다. 이 때 층위상에서 굴광선이 확인되면 이의 방향에 위치하는 건물지가 후에 조성된 것이다. 그러나 두 건물지 사이에 별개의 생활면(구지표면)이 존재하지 않는다면 이는 건물 축조상의 선후만을 의미하는 것이지 시기차를 반영하는 것은 아님을 명심한다.

18. 유물포함층 조사

기와건물지에서의 유물포함층은 와적층이나 폐기장 등에서 쉽게 살필 수 있다. 와적층은 건물의 내외 모두에서 확인되는 것으로 이 층위 아래에 흔히 생활면(구지표면)이 위치한다. 그러나 건물의 폐기방향에 따라 와적층의 두께나 범위도 차이가 있기 때문에 전면적인 제토작업을 실시하지 않고서는 알 수 없다. 아울러 일단 와적층이 확인되면 간지명 기와등의 존재를 염두하며 세부작업을 실시한다.

　와적층이 완전 노출되면 기록과 사진을 남긴 후 탐색 구덩이를 조성하여 생활면을 찾아본다. 생활면이 찾아지면 약간의 둑을 남긴 후 생활면까지 와적층의 유물을 수습한다. 이 때 기와와 공반 출토되는 청자나 백자 등의 유물 수습에도 만전을 기한다. 기와의 경우 자기에 비해 사용 시기가 길기 때문에 건물지의 편년을 설정하는 데 있어 다소 정확성이 떨어질 수 있다.

　기와건물지는 화재나 노후화에 따라 건물이 폐기되면 그 건축 폐기물들을 신축 건물 주변에 매립하거나 정지하고 그 위에 다시 건물을 조성하곤 한다. 이로 말미암아 우리나라 기와건물지의 경우 중복상태가 심하게 나타나고 있다. 따라서 기와건물지의 공간이 상대적으로 좁을 경우에는 폐기장의 중복도 심하게 나타날 수 있다. 중복된 유구는 고고학적인 방법에 따라 조사를 진행하고 이곳에서 검출된 유물은 건물지 내에서의 사용 유물이기 때문에 건물의 초창이나 폐

그림 333 _
여주 영릉 재실유적 3호
폐기장
〈조선〉
(기호문화재연구원, 2009,
『驪州 英陵 齋室遺蹟』)

기 시점을 알려주는 거시적 편년유물에 해당된다.

폐기장은 와적층과 달리 기와나 토·자기 및 금속제품, 목탄, 벽체편, 석재 등 다종다양한 유물이 검출되게 마련이다. 따라서 유물 수습시에는 응급조치 할 수 있는 보존처리 약품이나 유물상자 등의 준비가 필요하다. 아울러 폐기장에서의 유물이 혼동되지 않도록 유물상자 및 유물봉투의 기록이 철저하여야 하며, 출토유물의 상황을 사진 및 기록으로 남기는 것이 필요하다.

한편, 폐기장이나 와적층의 조사와 관련하여 검출된 유물의 경우 향후 보고서 작업이나 해당 유적의 편년을 검토하는데 있어 아주 중요하기 때문에 이의 수습이나 세척 등에 주의를 요하여야 한다. 특히 기와의 경우 연호나 간지, 이름 등이 음각 혹은 인장으로 남아 있을 수 있기 때문에 작은 와편이라도 수습·세척하여야 한다.

19. 유물 수습과 건물지의 편년

고고학적 발굴을 통해 확인되는 유구나 유물 등은 인간과 마찬가지로 각기 나이(편년)가 있다. 따라서 유물과 유구를 함께 검토하여 편년을 검토하는 것이 가장 타당한 방법이다. 그러나 기와건물지에서 확인되는 유구를 가지고 편년을 고려한다는 것은 사실 많은 무리가 따른다. 이에 따라 출토 위치가 분명한 유물을 중심으로 한 건물지의 편년 설정이 좀 더 객관적이라 할 수 있다.

건물지에서의 유물은 와적층이나 폐기물층, 혹은 생활면(구지표면), 기단토 및 대지조성토 등에서 수습된다. 물론 장비 제토과정에서도 유물이 출토되기는 하나 그 층위 및 위치가 불분명 하다는 점에서 편년의 대상으로 삼기는 곤란하다.

유물을 통한 건물지의 편년은 출토 위치나 층위가 중요하다. 즉, 유물이 기단토나 대지조성토에서 출토된 경우 이것들은 해당 기와건물지보다 이른 시기의 유물들이다. 이를 통해 건물지의 상한 시기를 설정해 볼 수 있다. 아울러 생활면(구지표면)에서 유물이 출토되었을 경우 이것들은 건물지의 사용 및 폐기 시기를 유추해 볼 수 있다.

예컨대 기단토나 대지조성토 등에서 12세기의 청자가 출토되고 생활면(구지표면)에서 15세기의 백자가 검출되었다면 이 건물지는 12세기 이후에 조성되고 15세기 무렵에 폐기되었음을 추정케 한다.

건물지의 편년 검토에 있어 불명한명 층위나 지표에서 수습된 유물들은 편년의 대상에서 일단 제외시킨다. 반면 편년의 대상이 될 수 있는 유물들은 출토 위치나 층위에 대한 내용을 사진이나 도면으로 남겨 향후 편년 설정에 적극 활용한다.

건물지의 조사를 실시하면서 만나게 되는 주된 유물은 기와, 백자, 청자, 분청사기 등이다. 기와의 경우 편년을 살필 수 있는 명문이나 연호 등이 있으면 아주 다행이나 만약 그렇지 않다면 자기 등의 편년을 통해 건물지의 편년을 고려해 보는 것이 좋다.

따라서 조사 중이거나 혹은 조사를 마치고 유물에 대한 분류평가를 실시할 경우 자기 전공자의 참석이 절실히 요구된다. 이때에도 유물의 출토 위치나 층위에 대한 설명이 충분히 이루어져 기단토나 대지조성토, 혹은 생활면에서 수습된 유물을 중심으로 편년이 이루어지도록 한다.

1987년 처음 발굴을 시작하면서 접하였던 것이 공주 공산성 내 건물지 조사였다. 이후 매년 한 해도 거르지 않고 서산 해미읍성, 공주 동혈사지 및 마곡사, 부여 무량사, 경주 안계리사지, 오대산 월정사, 서울 서대문형무소 부지, 여주 영릉 재실유적, 광주 남한산성 내 인화관지, 예산 가야사지 등의 사지발굴과 건물지 조사 등을 진행하게 되었다.

흔히 현장에서 발굴을 진행하는 연구원들은 건물지가 고분이나 주거지에 비해 조사가 어렵고 흥미도 떨어진다고 말한다. 이는 건물지 전공자가 여타 분야의 전공자들에 비해 그 수효가 많지 않은 데에서도 여실히 드러난다. 그렇기 때문에 간혹 전공과 무관하게 현장을 진행하여야만 하는 연구원들에게 건물지 조사는 하나의 골칫거리가 아닐 수 없다.

필자도 이 책을 쓰면서 그 동안의 조사 내용을 곰곰이 생각해 보았다. 포크레인 장비를 이용하면서 돌만 노출되면 장비를 물리고 수작업으로 조사를 진행하거나 그저 유구만 잘 노출시키면 건물지 조사는 끝나는 것으로 생각하곤 하였다. 그러나 자문위원회를 거치면서 듣게 되는 건물지 용어의 생소함은 조사 방법이나 유구의 이해를 떠나 또 다른 어려움을 안겨 주었다.

이 책은 이러한 경험을 바탕으로 건물지 조사 방법과 발굴 과정에서 노출되는 유구 용어, 그리고 이러한 유구들이 오늘날 어떻게 복원되었는지에 대해 간략하게 서술해 보았다. 용어에 있어서는 그 동안 고고학계에서 통용되던 것을 가급적 그대로 사용하였다. 이로 인해 정통 건축학자들의 질책도 있을 수 있겠으나 건물지 발굴의 입문서라는 점에서 많은 혜량이 있길 바란다.

발굴조사라는 것이 과거의 존재를 찾아내 이에 생명력을 불어넣어 준다는 점에서 참으로 매력적인 작업이라 할 수 있다. 이 책 또한 건물지를 조사하는 연구원들에게 조금이나마 건물지에 생명력을 불어넣어 줄 수 있는 자료를 제공할 수 있다면 필자에게 있어 더 큰 보람이 없을 듯하다.

인용 도면 · 도판 목록

〈강원문화재연구소〉

강원문화재연구소, 2004, 『陳田 發掘調査 報告書』, 63쪽 도면 16.

〈경기도박물관/경기(기전)문화재연구원〉

경기도 외, 2009, 『檜巖寺Ⅲ 5 · 6단지 발굴조사 보고서』, 38쪽 도판 9-②.

경기도 외, 2003, 『檜巖寺Ⅱ 7 · 8단지 발굴조사 보고서』, 8쪽 그림 24 하.

경기도 외, 2003, 『檜巖寺Ⅱ 7 · 8단지 발굴조사 보고서』, 58쪽 그림 12.

경기도 외, 2003, 『檜巖寺Ⅱ 7 · 8단지 발굴조사 보고서』, 76쪽 도판 27-②.

경기도 외, 2003, 『檜巖寺Ⅱ 7 · 8단지 발굴조사 보고서』, 77쪽 그림 20.

경기도 외, 2003, 『檜巖寺Ⅱ 7 · 8단지 발굴조사 보고서』, 86쪽 그림 24 상.

〈경기도박물관〉

京畿道博物館 외, 2002, 『高達寺址』 Ⅰ, 도면 8.

京畿道博物館 · 安城市, 2002, 『奉業寺』, 539쪽 사진 22 중.

〈경남문화재연구원〉

김해시 · 경남문화재연구원, 2009, 『김해읍성 북문지』, 99쪽 도면 23.

김해시 · 경남문화재연구원, 2009, 『김해읍성 북문지』, 282쪽 사진 92.

부산지방국토관리청 · 경남문화재연구원, 2008, 『山淸 於西里遺蹟』, 원색사진.

부산지방국토관리청 · 경남문화재연구원, 2008, 『山淸 於西里遺蹟』, 44쪽 도면 5.

〈경상문화재연구원〉

경상문화재연구원, 2011, 『陜川 靈巖寺址』, 25쪽 도면 11.

〈고구려연구재단〉

고구려연구재단, 2004, 『러시아 연해주 크라스키노 발해사원지 발굴보고서』,
　　　87쪽 도면 7.

고구려연구재단, 2004, 『러시아 연해주 크라스키노 발해사원지 발굴보고서』,
　　　194쪽 도판 52.

〈공주대학교박물관〉

공주대학교박물관, 2005, 『發掘遺蹟과 遺物』, 287쪽 사진 상.

공주대학교박물관, 2005, 『發掘遺蹟과 遺物』, 301쪽.

公州大學校博物館, 1999, 『舟尾寺址』, 61쪽 도면 24.

公州大學校博物館, 1998, 『燕岐 雲住山城』, 27쪽 도면 5.

〈국립공주박물관〉

국립공주박물관 · (주)현대건설, 1999, 『艇止山』, 28쪽 도면 5.

〈國立博物館〉

國立博物館, 1969, 『金剛寺』, 14쪽 Fig.4.

國立博物館, 1969, 『金剛寺』, 도면 13.

〈국립부여문화재연구소〉

국립부여문화재연구소, 2011, 『扶餘 定林寺址』, 106쪽 도면 35.

국립부여문화재연구소, 2010, 『扶餘軍守里寺址 I -木塔址 · 金堂址 發掘調査報
　　　告書』, 76쪽 도면 33.

국립부여문화재연구소, 2010, 『扶餘軍守里寺址 I -木塔址 · 金堂址 發掘調査報
　　　告書-』, 179 쪽 사진 41.

국립부여문화재연구소, 2009, 『王興寺址Ⅲ 木塔址 金堂址 發掘調査 報告書』,
　　　33쪽 도면 5 중.

국립부여문화재연구소, 2009, 『王興寺址Ⅲ 木塔址 金堂址 發掘調査 報告書』,
　　　49쪽 도면 9.

국립부여문화재연구소, 2009, 『扶餘 官北里百濟遺蹟 發掘報告』III, 171쪽 도면 56.

國立扶餘文化財研究所, 2006, 『王宮里 發掘中間報告』V, 257쪽 도면 19.

국립부여문화재연구소, 2006, 『實相寺』II, 64쪽 도면 9.

국립부여문화재연구소, 2006, 『實相寺』II, 66쪽 도면 12.

國立扶餘文化財研究所, 2003, 『扶蘇山城 發掘調査報告書』V, 149쪽 도면 58.

國立扶餘文化財研究所, 2003, 『扶蘇山城 發掘調査報告書』V, 302쪽 도판 147.

國立扶餘文化財研究所, 2002, 『花枝山』, 278쪽 도면 127.

國立扶餘文化財研究所, 2002, 『花枝山』, 509쪽 도판 126.

國立扶餘文化財研究所, 1996, 『彌勒寺』, 419쪽 도면 36.

扶餘文化財研究所·扶餘郡, 1993, 『龍井里寺址』, 21쪽 삽도 4.

〈국립부여박물관〉

國立扶餘博物館, 2007, 『陵寺』, 도면 12 중.

國立扶餘博物館, 2007, 『陵寺』, 도면 15 중.

國立扶餘博物館, 2000, 『陵寺』, 15쪽 도면 10.

國立扶餘博物館, 2000, 『陵寺』, 52쪽 도면 37 중.

國立扶餘博物館, 2000, 『陵寺』, 53쪽 도면 38 하.

國立扶餘博物館, 2000, 『陵寺』, 219쪽 도판 9-②.

國立扶餘博物館, 2000, 『陵寺』, 220쪽 도판 10-①.

國立扶餘博物館, 2000, 『陵寺』, 222쪽 도판 12-②.

國立扶餘博物館, 2000, 『陵寺』, 243쪽 도판 33-③.

國立扶餘博物館, 2000, 『陵寺』, 252쪽 도판 42-②.

국립부여박물관, 2000, 「부여 능산리사지 제6차 발굴조사 지도위원회 자료」, 15쪽 도면 3.

국립부여박물관, 2000, 「부여 능산리사지 제6차 발굴조사 지도위원회 자료」, 21쪽.

국립부여박물관, 2000, 「부여 능산리사지 제6차 발굴조사 지도위원회 자료」, 24쪽 사진 8.

국립부여박물관, 1992, 『扶餘錦城山百濟瓦積基壇建物址發掘調査報告書』, 4쪽 도판 4.

국립부여박물관, 1992, 『扶餘錦城山百濟瓦積基壇建物址發掘調査報告書』, 도
　　면 2.

국립부여박물관, 1992, 『扶餘錦城山百濟瓦積基壇建物址發掘調査報告書』, 69
　　쪽 도면 8.

국립부여박물관, 1992, 『扶餘錦城山百濟瓦積基壇建物址發掘調査報告書』, 81
　　쪽 도판 24.

〈국립진주박물관〉

경상남도 · 國立晋州博物館, 1986, 『陜川竹竹里廢寺址』, 31쪽 그림 10 중.

〈기전문화재연구원〉

京畿文化財團 附設 畿甸文化財硏究院, 2007, 『高達寺址』 II, 405쪽 도면 156.

京畿文化財團 附設 畿甸文化財硏究院, 2007, 『高達寺址』 II, 454쪽 사진 111-①.

〈기호문화재연구원〉

기호문화재연구원, 2011, 『龍仁 前岱里, 留雲里遺蹟』.

기호문화재연구원, 2011, 『華城 錦衣里 遺蹟』.

기호문화재연구원, 2010, 『平澤 栢峯里遺蹟』.

기호문화재연구원, 2010, 『烏山 紙串洞遺蹟』.

기호문화재연구원, 2010, 『金浦 馬松 遺蹟』.

기호문화재연구원, 2009, 『驪州 英陵 齋室遺蹟』.

〈동아대학교박물관〉

東亞大學校博物館, 1985, 『蔚州澗月寺址』 I, 49쪽 도면 4.

〈대판부립협산지박물관〉

大阪府立狹山池博物館, 2002, 『常設展示案內』, 22쪽.

〈대한문화유산연구센타〉

조성리 부엽시설.

<대한불교조계종 유지재단 문화유산발굴조사단>

경주시 · 대한불교조계종 유지재단 문화유산발굴조사단, 2005, 『慶州安溪里石
造菩薩坐像周 邊地域1 · 2次 文化遺蹟發掘調査報告書』, 13쪽 도면 3.

대한불교조계종 유지재단 문화유산발굴조사단, 2005, 『金剛山 神溪寺-2차(탑
지 · 만세루지) 문화유적 발굴조사』, 28쪽 도면 6.

대한불교조계종 유지재단 문화유산발굴조사단, 2004, 『五臺山 月精寺 석조보
살좌상 주변 지역 문화유적 시 · 발굴조사보고서』, 29쪽 도면 4.

<명지대학교 부설 한국건축문화연구소>

명지대학교 부설 한국건축문화연구소, 2007, 『서울 淸進6地區 遺蹟』 I , 191쪽
도면 71.

명지대학교 부설 한국건축문화연구소, 2007, 『서울 淸進6地區 遺蹟』 I , 193쪽
도면 73.

명지대학교 부설 한국건축문화연구소, 2007, 『서울 淸進6地區 遺蹟』 I , 216쪽
도면 100.

명지대학교 부설 한국건축문화연구소, 2007, 『서울 淸進6地區 遺蹟』 I , 231쪽
사진 120.

<문화재관리국 문화재연구소>

文化財管理局 文化財硏究所, 1984, 『皇龍寺』, 도면 28.

文化財管理局 文化財硏究所, 1984, 『皇龍寺』, 도면 29.

文化財管理局 文化財硏究所, 1984, 『皇龍寺』, 54쪽 삽도 6.

文化財管理局 文化財硏究所, 1984, 『皇龍寺』, 76쪽 삽도 27.

<문화재청>

文化財廳, 2001.12, 『國寶篇 文化財大觀(建造物)』, 29쪽.

<백제문화재연구원>

백제문화재연구원, 2010, 『舒川 庇仁5層石塔 遺蹟』, ii 원색도판 2.

백제문화재연구원, 2010, 『舒川 庇仁5層石塔 遺蹟』, 203쪽 도면 10.

〈비조자료관〉

飛鳥資料館, 소화58년, 『渡來人の寺 - 檜隈寺と坂田寺』.

〈순천대학교박물관〉

영암군 · 순천대학교박물관, 2005, 『靈巖 天皇寺』II, 39쪽 도면 4.
광양시 · 순천대학교박물관, 2005, 『光陽 馬老山城』I, 표지 사진.
광양시 · 순천대학교박물관, 2005, 『光陽 馬老山城』I, 원색사진 2.
광양시 · 순천대학교박물관, 2005, 『光陽 馬老山城』I, 원색사진 3.
광양시 · 순천대학교박물관, 2005, 『光陽 馬老山城』I, 135쪽 도면 52.
광양시 · 순천대학교박물관, 2005, 『光陽 馬老山城』I, 145쪽 도면 58.
順天大學校博物館, 2004, 『順天 金芚寺址』, 69쪽 도면 21.

〈신라문화유산조사단〉

신라문화유산조사단, 2009, 『왕경유적』IX, 38쪽 도면 13.

〈안동대학교박물관〉

安東大學博物館, 1988, 『臨河寺 塼塔址』, 79쪽 도면 5.

〈영남문화재연구원〉

嶺南文化財硏究院, 2005, 『大邱 蘆邊洞 社稷壇遺蹟』, 82쪽 도면 36.
嶺南文化財硏究院, 2005, 『大邱 蘆邊洞 社稷壇遺蹟』, 164쪽 사진 46-2.

〈원광대학교 마한 · 백제문화연구소〉

圓光大學校 馬韓 · 百濟文化硏究所, 1994, 『益山帝釋寺址試掘調查報告書』, 도
　　　면 5 중.

〈전북문화재연구원〉

전북문화재연구원 · 전주시, 2006, 『全州 東固山城』, 113쪽 사진 30.

〈정강정교육위원회〉

淀江町敎育委員會, 1990, 『上淀廢寺と彩色壁畵 槪報』, 4쪽 사진 8좌.

〈중앙문화재연구원〉

中央文化財研究院, 2008,『慶州 蘿井』, 44쪽 도면 14.

中央文化財研究院, 2008,『慶州 蘿井』, 63쪽 도면 26 중.

中央文化財研究院, 2001,『洪城 月山里遺蹟』, 31쪽 도면 10.

中央文化財研究院, 2001,『洪城 月山里遺蹟』, 32쪽 도면 11.

〈중원문화재연구원〉

中原文化財研究院, 2006,『平澤 芝山洞遺蹟』, 27쪽 도면 5.

中原文化財研究院, 2006,『平澤 芝山洞遺蹟』, 159쪽 사진 13.

〈조일신문사〉

朝日新聞社, 2002,『飛鳥・藤原京展』, 160쪽 그림 134.

朝日新聞社, 2002,『飛鳥・藤原京展』, 161쪽.

每日新聞社, 1974,『佛敎藝術』96호, 63쪽.

〈충남대학교박물관〉

保寧市・忠南大學校博物館, 1998,『聖住寺』, 원색사진 47.

保寧市・忠南大學校博物館, 1998,『聖住寺』, 79쪽 도면 5 하.

保寧市・忠南大學校博物館, 1998,『聖住寺』, 687쪽 사진 32.

保寧市・忠南大學校博物館, 1998,『聖住寺』, 702쪽 사진 65.

忠南大學校博物館, 1981,『定林寺』, 도면 19 및 도면 20.

〈충남대학교 백제문화연구소〉

忠南大學校百濟研究所・大田地方國土管理廳, 2003,『泗沘都城』, 300쪽 사진 18.

忠南大學校百濟研究所, 2002,『永同 稽山里遺蹟』, 24쪽 도면 11.

忠南大學校百濟研究所・大田地方國土管理廳, 2000,「扶餘 東羅城・西羅城 發
        掘調査略報告 書」, 7쪽 사진 3.

〈충청남도역사문화연구원〉

충청남도역사문화연구원・서산시, 2009,『해미읍성 본문・도면(유구)-』, 112
        쪽 도면 24.

충청남도역사문화연구원 · 부여군, 2008, 『사비로 - 백강로 연결도로부지내 扶
　　餘 東南里 遺蹟』, 199쪽 도면 5 중.

충청남도역사문화연구원 · 부여군, 2008, 『사비로-백강로 연결도로부지내 扶
　　餘 東南里 遺蹟』, 251쪽 도판 11-③.

충청남도역사문화원 · 아산시, 2006, 『牙山 鶴城山城 -西門址 · 西壁 · 建物址
　　發掘調查-』, 5쪽 원색도판 3.

충청남도역사문화원 · 아산시, 2006, 『牙山 鶴城山城 -西門址 · 西壁 · 建物址
　　發掘調查-』, 71쪽 도면 23.

〈충청대학교박물관〉

忠淸大學博物館 · 永同郡, 2008, 『永同 寧國寺』, p. iii 원색사진 6.

〈충청문화재연구원〉

충청문화재연구원, 2010, 『공주 옥룡동 414번지 유적』, 19쪽 도면 10.

충청문화재연구원, 2010, 『공주 옥룡동 414번지 유적』, 40쪽 사진 16.

忠淸文化財硏究院, 2005, 『唐津 三雄里 나무고개 · 황새울 遺蹟』, 17쪽 도면 6.

忠淸埋藏文化財硏究院, 1999, 『海美邑城』, 82쪽 도면 26.

〈한국토지주택공사 토지주택박물관〉

한국토지주택공사 토지주택박물관, 2010, 『南漢行宮址 第7 · 8次調查報告書』,
　　71쪽 도면 10 중.

〈한백문화재연구원〉

한백문화재연구원, 2011, 『여주 연라리 유적』, 82쪽 도면 43 중.

〈호남문화재연구원〉

湖南文化財硏究院, 2004, 『高敞 烟起寺址』, 51쪽 도면 9.

〈기타〉

張慶浩, 1996, 『韓國의 傳統建築』, 73쪽 도면 21.

張慶浩, 1996, 『韓國의 傳統建築』, 515쪽 도면 291.

張慶浩, 1996,『韓國의 傳統建築』, 517쪽 도면 292.

張慶浩, 1996,『韓國의 傳統建築』, 526쪽 도면 298.

張慶浩, 1996,『韓國의 傳統建築』, 530쪽 도면 301.

田?征夫, 1995,「瓦積基壇と渡來系氏族」『季刊考古學』60호, 雄山閣.

フランソウ・ベルチエ, 昭和 49年,「飛鳥寺問題の再吟味-その本尊を中心とし
　　て」『佛教藝 術』96號, 每日新聞社, 63쪽 2〈上〉.

楊鴻勛,『建築考古論文集』, 文物出版社, 1987, 圖四.

찾아보기

ㅇ

ㅊ